八ヶ岳山麓 上條さんちの こどもごはん

上條 悦子

信濃毎日新聞社

目　次

4人の子どもたちを育てた
父ちゃんの畑と母ちゃんの愛情ごはん………… 4

春のごはんとおやつ ……………… 9

山の恵みをいただく八ヶ岳の春……………… 10

ふきのとうの天かす入り　きつねうどん
たんぽぽのサラダ……………… 12
三色丼
せりの白和え
あさりと菜の花のスープ……………… 13
ころころコロッケ……………… 14
春を巻く春巻き
キャベツの卵焼き……………… 15
シンプル春野菜
新玉ねぎとひじきのサラダ
たけのこ酢豚……………… 16
にこにこオムライス……………… 17
まんぷくハンバーグ……………… 18

日々はきらきら、カケラの積み重ね ………… 19

*パンを作ろう
くるみとクランベリーの全粒粉パン………… 20
くいしんぼうのカツサンド
やせっぽちのビーフサンド……………… 21
あこがれのフルーツサンド……………… 22
チョコバナナサンド
よもぎパンあんサンド
カレー味のホットドッグ……………… 23

*おやつですよー！
いちごのロールケーキ……………… 24
チョコバナナマフィン＆よもぎ甘納豆マフィン… 25

ジブリ美術館のカフェ「麦わらぼうし」に関わって… 26

夏のごはんとおやつ ……………… 27

エネルギーいっぱいの夏……………… 28

牛丼
トマトと卵の中華スープ……………… 30
まぐろ丼
豚しゃぶサラダ……………… 31

キーマカレー……………… 32
チキンカレー
じゃがいもとカリフラワーのサブジ…… 33
夏野菜のチーズ焼き
ライスボール……………… 34
ピザ3種
ポテトピザ・マルゲリータ・イタリア風せんべい …… 35

*暑い日は、麺、麺、麺！
ラタトゥイユのスパゲティ
シンプルトマトソース……………… 36
トマトと卵の冷やし中華……………… 37
具いろいろそうめん……………… 38
そばサラダ
冷製たらこスパゲティ……………… 39

*おやつですよー！
ジャムを作ろう
ブルーベリージャム
桑の実ジャム……………… 40
ヨーグルトのチーズケーキ……………… 41
豆乳プリン
杏仁豆腐
甘夏ゼリー……………… 42
コーヒーゼリー
夏の手作りジュース2種
しそジュース・ふさすぐりのジュース………… 43

お母さんだって日曜日がほしい！………… 44

秋のごはんとおやつ ……………… 45

ポケットにもいっぱいの秋……………… 46

きのこのキッシュ……………… 48
にんじんとかぼちゃのスープ
ほうれん草ときのこのソテー……………… 49
ユーリンチー
カリフラワーのピクルス……………… 50
焼きビーフン
アジの南蛮漬け……………… 51

*子どもと一緒におにぎりを握ろう…… 52
おにぎりの具……………… 53
おにぎりのおとも……………… 54
・こんにゃくの甘辛煮　　・だし巻卵
・ほうれん草の韓国風麻の実和え　・簡単漬け物3種
・豚汁

父親の出番もあるといい……………55
マカロニグラタン
かぼちゃのグラタン……………56
ハヤシライス
にんじんサラダ……………57
さつまいもサラダ
栄養満点の大豆2種
大豆のサラダ・大豆の黒砂糖煮……………58

*おやつですよー！
オレンジとくるみのパウンドケーキ……59
チョコチップのココナッツクッキー2種…60
バナナとアールグレイのシフォンケーキ
黒糖わらび餅……………61

子どもも家事に参加する……………62

冬のごはんとおやつ ……………63
厳しい寒さ,そして……………64

中華風おこわ
巾着入りお楽しみおでん……………66
イワシのつみれ鍋……………67
ごぼうとさつまいものスープ
さつまいものゆず煮……………68
鶏団子と根菜のスープ
カリフラワーとれんこんの甘酢漬け……69
ロールキャベツ……………70
りんごサラダ3種
りんごと大根のサラダ・りんごと白菜のサラダ・
りんご入りポテトサラダ……………71
農家のスープ……………72
切り干し大根のスープ
中華風あんかけ餅……………73
れんこん蒸し
ゆず大根……………74

*おやつですよー！
肉まん……………75
ガトーショコラ……………76
定番ラスク……………77

私のお菓子教室……………78

特別な日のごはん……………79
*誕生日
いちごのバースデーケーキ……………80
*子どもの日
たけのこのちらし寿司
ごちそうポテトサラダ
わらびの甘酢漬け……………83
*運動会・遠足
カニ寿司
いなり寿司……………84
*冬至
いとこ煮
かぼちゃケーキ
かぼちゃプリン……………86
*クリスマス
地鶏の丸焼き
簡単ドリア
オペラケーキ……………88
*お彼岸
おはぎ
あらめ煮
白玉あんみつ……………90
*入学・卒業
押し寿司……………91

*常備菜……………92
・ひじきの炒め煮　・ベビーほたてのあっさり煮　・だしじょうゆ
・大豆の甘煮　・ピーマンのきんぴら　・ちりめん山椒
・炒り豆腐　・根菜の炒め煮
・きくらげの黒酢煮　・昆布のあっさり佃煮
・切り干し大根煮　・高野豆腐のそぼろ煮

あとがき……………94

4人の子どもたちを育てた
父ちゃんの畑と母ちゃんの愛情ごはん

八ヶ岳に引っ越し、畑作りをスタート

　私たちが幼い息子二人と柴犬一匹を連れて、東京の三鷹市から八ヶ岳南麓に移り住んだのは１９８７年５月の終わり。引っ越すとすぐに夫は家の裏の畑を借りて野菜作りを始めました。３歳と１歳になる息子たちに無農薬で有機農法の野菜を食べさせたい一心で。都会育ちの私にとって採れたての野菜の味は感動的で、このおいしさを子どもたちに味わわせたいと料理に目覚めました。

　トマト、きゅうり、にんじん、大根などから始まった夫の野菜作りは、だんだんに種類も増えていきました。大根の間引き菜のおいしさなど、畑を作っているからこそ味わえるもの。丈は短くてもしっかりと太いにんじん、虫に食われて穴だらけだけどやわらかくて味のあるキャベツ‥‥。私にとって田舎暮らしは、豊かな自然も満天の星空も、薪ストーブの暖かさもすてきですが、やっぱりいちばんは、体の奥から幸せにしてくれる野菜のおいしさでした。

　２年後に３人目、その翌年には４人目が生まれ、私は４人の男の子の子育てに追われる毎日となりました。成長する息子たちをみて、人間の身体は食べ物でできているのだと実感し、いつの間にか"食べること"を子育ての中心にすえていました。

父ちゃんの畑と子どもたち

　夫は舞台などの仕事で家を離れることが多いのですが、不在がちの父と息子をつないでいたのは、畑の野菜です。私は「父ちゃんの野菜はおいしいね」といって料理した野菜を食卓に出し、子どもたちは父ちゃんの存在を、野菜を通して感じていました。

　旬の野菜は瑞々しくておいしいのですが、食べきれないほど採れることもあり、いろいろ考え、工夫して料理してきました。苦肉の策で生まれた料理が人気メニューになったり、自信を持って作ったものが不評だったりしました。４人の子育てをしながらのご飯作りですから、あまり手をかけられませんが、シンプルな料理ほど素材が決め手になります。味も香りもしっかりした新鮮な野菜は強い味方でした。また、まとめて作って半分を冷蔵や冷凍にもよくします。私はそれを「主婦の貯金」と呼んでいますが、あとひと手間加えればいいものが冷蔵庫にあると心強いですね。そんなふうにして、わが家ならではのオリジナル料理は増えていきました。

食卓は心も育む

　子どもが元気ナシで帰ってきたとき、私はさりげなくおにぎりを握ってあげました。おにぎりには、かたくなった気持ちをほぐす不思議な力があるように思います。

　食卓は、栄養と愛情がいっぱいのところ。学校であったつらいこと、兄弟の争いごとなど、いっしょに食卓を囲んで、おいしいものを食べているうちにふっきれて元気を取り戻すことができます。食べながら、つらかったことをポロリということもあります。大好きなおかずを兄に取られないために弟が涙ぐましい工夫をしたり、兄が弟の嫌いなものをこっそり食べてやったり。食卓から子どもたちはいろんなことを学んだようです。

　そして「おいしい！」という喜びは、子どもの感受性を育て、生きる意欲を培ってくれるような気がします。子どもたちに、牛乳と小麦粉とバターでトロリとしたホワイトソースを作ってみせたら「母ちゃん、スゴイ！」ってことになったり、きのこや細く切った野菜を子どもたちに手伝ってもらってテラスに干したら数日でひと握りになるってことなど、おいしさの不思議を子どもたちといっしょに感動しました。

食いしん坊は元気！

　子どもにとって家はほっとする場であり、お母さんの作ったおいしいご飯とおやつがあれば、それがいちばん。いっしょに散歩し、遊んだり歌ったり、絵本を読んだりもとても大切で楽しくやってきましたが、子育ての基本はやはり食事だと思います。

　私は料理人でも料理研究家でもなく、4人の子どもを育ててきた料理好きの母親にすぎません。その私が子どもたちを育てながら実感したのが、食いしん坊はめげても落ち込んでも、いち早く元気を取り戻す力があること。私自身も、私を食いしん坊に育ててくれた母に感謝しています。母は、手作りでていねいにおいしい料理を作ってくれました。悩んだり、落ち込んだりしたときも、おいしいものや好きなものを食べたら元気になります。私はそれでずいぶん救われました。「おいしい」は生きる力を育ててくれるのだと思います。

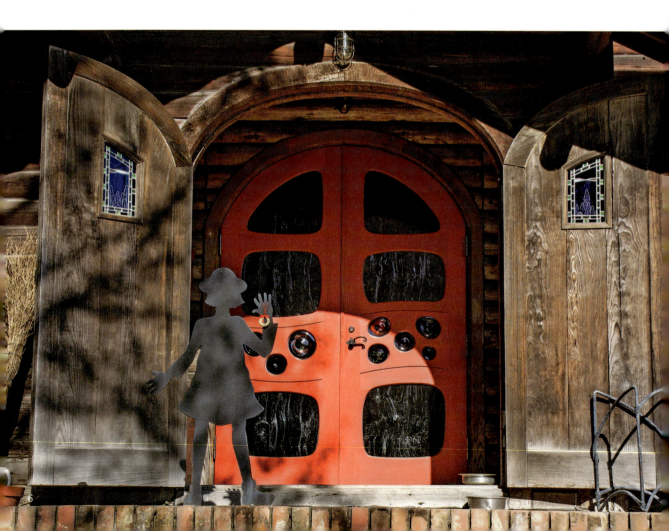

三男の絵を煙突に。この絵は学校の廊下に貼り出されたもので、持って帰って来たときにしまいこんではもったいないと思いついた。我が家のトレードマークになっている。

夫が留守がちだと寂しいだろうと、友人が作ってくれたブランコ。みんな帰ってくると必ずブランコに乗ってひと息つく。

音符マークのフックが楽しい玄関。すぐに帽子や上着で隠れてしまうが…。

たくさんある絵本は、季節ごとに表紙を見せて飾る。上條家の子どもだけでなく、遊びに来たたくさんの子どもたちも喜んで見ていく。

料理を作るときは

　私の作る料理はうす味です。それは私が関西育ちだからだと思いますが、少し物足りないかもしれません。でも、毎日食べる家庭の料理ですから、うす味の方があきがこなくていいと思っています。

　基本の調味料は原材料が厳選された安全でおいしいものを選んでいます。料理は素材そのものの味と調味料のおいしさで決まるからです。自然の旨味がわかるよう、だしは昆布とかつおぶしでとっています。昆布を水に浸けておき、何回分かをまとめてとれば、そんなに面倒なことではありません。市販のスープの素を使うときも化学調味料不使用のものを選びます。我が家の台所には白い砂糖はありません。料理にもケーキ作りにも、ミネラルやカルシウムが豊富な精製されていない素精糖を使っているからです。

　レシピは、あくまでも目安なので、どうぞあなたのご家庭の味を作ってください。誰にでも作れる簡単な料理ばかりですので、ひらめきや工夫をプラスして、子どもたちが喜ぶ顔を楽しみに作っていただけたらと思います。

計量の基本

小さじ1＝5㎖
大さじ1＝15㎖
カップ1＝200㎖
お菓子に使う卵はLサイズ

だしの取り方

①水2ℓに昆布10gを2時間浸けておく。
　弱火にかけ沸騰直前に昆布を取り出す。

②削り節30gを加え、弱火で5分加熱。
　火を止め、削り節が沈んだらこす。
これが一番だし。多めに作って冷蔵庫で保存し、2～3回に分けて使う。

③2の昆布と削り節は1ℓの水に入れ、弱火で10分加熱し、こす。これが二番だし。みそ汁などに使う。

野菜スープの取り方

パセリの茎やセロリの葉は保存袋に入れて冷凍しておき、にんじんのヘタなどのくず野菜と一緒にコトコト煮てこす。

春のごはんとおやつ

4月、ひと雨ごとに緑が地面から湧き出てきて、
だんだんに色濃くなり、確かな春になっていきます。
自然の新しいエネルギーを感じる春は、
子どもたちにとっても入学や進級の新しいスタートのとき。
新しい環境に緊張している心をほぐしてくれるのは
おやつやご飯。
フレッシュな春野菜をたっぷり使った料理で、
春の喜びを一緒に味わいます。
子どもたちと散歩の途中に、よもぎの新芽を摘んで
春の香りのパンやおやつを作ります。

山の恵みをいただく
八ヶ岳の春

　3月になると暖かな風が吹く日があります。体も気持ちもふあっとほぐれて、雪も同じように溶け始めます。暖かい日が3日も続けば畑や土手の黒い土が見えてきて、白と黒のコントラストを見せてくれます。遠くの林の梢がほの赤くなってくると春が来たんだなと感じます。

　でも、八ヶ岳の春はそうたやすくはやって来てくれません。三寒四温に翻弄され、寒さを呪ったり、太陽の暖かさに感謝したりをくり返し、確かな春はじれったいほど遅いのです。

　春を呼ぶ嵐がやってくるのは3月の終り。家ごと巨大な洗濯機に放り込まれたみたいなすさまじい雨風が吹き荒れ、家の向きがずれるのではないかと心配になるほど。春の雨はそう冷たくないので、子どもたちと野原に出て雨風の中で大はしゃぎ。空を見上げ、雨粒を口に受けながら「春よ来〜い！」と大声で叫ぶと、縮こまっていた冬の気分が外へ飛び出し、心も体も春に衣更。

　地面の底からエネルギーがぐんぐん突き上げてくるように感じると、ようやっと待ちに待った、春！春！春！東京の桜が散るころ、我が家の回りではダンコウバイやコブシがようやく咲き始め、桜の蕾がほころびます。

　ここは寒冷地なので、雪や氷が溶けて畑仕事を始められるのは、4月の中旬ごろ。まず土作りです。土壌を改良してくれる菌を、冬の間に用意しておいたワラや木くずや落ち葉と一緒に畑にすき込んでいきます。その仕事が終るころ冬の寒さを耐え忍んできた玉ねぎやにんにくが芽を伸ばし始めます。5月に入り、カッコウの声を聞いたら種まきを始めます。「カッコウが鳴きはじめたら遅霜はこない」と言われているので、森に響く声を合図に父ちゃんは終日畑仕事。畝を作り、じゃがいもを植え、冬のうちに計画しておいた順に青野菜の種をまき、苗を植えていきます。

春の香りがうれしい
ふきのとうの天かす入りきつねうどん

ふきのとうを採るのは早春ですが、天かすにして冷凍するとしばらく楽しめます。解凍しても色も香りもちゃんとあって感動！みそ汁、お好み焼きにも重宝。

[材料(4人分)]

うどん…4玉
ふきのとう…8～10個
揚げ油…適量
油揚げ…4枚

A
- 天ぷら粉、冷水…各¼カップ
- 酒…小さじ1

B
- だし…2カップ
- 素精糖…大さじ1½
- みりん…大さじ2
- 薄口しょうゆ…大さじ2

C
- だし…8カップ
- みりん…大さじ3～4
- 薄口しょうゆ…大さじ2
- 塩小さじ…1½

😊 油揚げは熱湯をかけてから水洗いし、両手ではさんでしっかり水切りを！

[作り方]

1. ふきのとうは粗く刻んで、Aを混ぜた衣に入れる。揚げ油を180℃に熱した中に衣ごと入れ、浮いてきたら手早くかき混ぜてカリッと揚げる。

2. 油揚げは半分に切って油抜きをし＊、Bを加えて落としぶたをして弱火で煮含める。

3. Cを合わせて一煮立ちさせ、うどんつゆを作る。

4. うどんをゆでて丼に入れ、2の油揚げを乗せ、3のつゆを注ぎ、1を乗せる。

子どもと摘んだ たんぽぽのサラダ

わが家の庭にたくさん咲くたんぽぽ。葉がやわらかいときに子どもたちと摘んで、春のサラダにします。カルシウムたっぷりのひじきは煮て冷凍し、サラダにも入れます。

[材料(4人分)]

たんぽぽの葉…両手一杯
水菜…⅓束
玉ねぎ…¼個
ひじきの炒め煮…½カップ
（常備菜92ページ参照）
松の実…大さじ2

ドレッシング
A
- オリーブ油…大さじ2
- 塩…小さじ⅓
- りんご酢…大さじ1
- りんごジュース…大さじ1

飾り用たんぽぽの花…5、6個

😊 たんぽぽのほかに、生の春菊とゆで卵でも。

[作り方]

1. たんぽぽは柔らかい葉を選び、洗って3～4センチに切る。水菜も同様に切り、玉ねぎは薄くスライスして水にさらし、水気を切る。松の実はオーブントースターで軽くローストする。

2. 1にひじきの炒め煮を合わせ、Aをよくかき混ぜてからかけ、花を飾る。

山菜は苦味があって子どもは苦手な味。でもその苦味が、冬の間に体にたまった毒素を出して、よどんだ血液をきれいにしてくれるといわれています。「鹿さんたちも苦い山菜を食べて元気になるんだよ」と子どもたちに話すと、目を輝かせて「りすさんもー？！」と聞いてきたものです。もちろん「そうよ。りすさんだって、苦いからいや～なんていわずにちゃんと食べているのよ」とまじめに応えます。森の動物たちも食べているんだから、僕たちも食べなくちゃという気持ちになるようです。

お弁当にも
三色丼

[材料(4人分)]

鶏ひき肉…300g
しょうが…1かけ
A [酒、みりん、薄口しょうゆ、素精糖…各大さじ3]
卵…4個
B [サラダ油、塩…各少々 素精糖…小さじ1/2]
グリンピース…2カップ
C [だし…2カップ 素精糖…大さじ2 塩…少々]
紅しょうが…適宜

[作り方]

1. 鍋にみじん切りしたしょうがと、鶏ひき肉、Aを入れて弱火でかき混ぜながら煮る。ひき肉がポロポロになったら中火にし、混ぜながら汁気を飛ばす。
2. 卵はBを加えて溶き、熱したフライパンに入れ、弱火で混ぜながら炒りつける。
3. Cにグリンピースを入れ、中火で煮含める。
4. ご飯の上に1、2、3を彩りよくのせ、好みで紅しょうがを飾る。

😊 鶏そぼろはまとめて作っておくと便利。グリンピースを菜の花に替えても春らしさを感じます。

油揚げで食べやすさアップ
せりの白和え

[材料(4人分)]

せり…1束
油揚げ…1枚
（12ページと同様に煮る）
絹豆腐…1/2丁
白ごま…大さじ3
A [素精糖…大さじ1 薄口しょうゆ…小さじ1弱]

[作り方]

1. 豆腐は重石をし、水気を切る。
2. せりはさっと塩ゆでし、2〜3cmに刻む。
3. 油揚げはたて半分に切って、端から3mmの幅に切る。
4. ごまは軽く炒ってすり鉢でよくすり、1の豆腐、Aを加えてさらになめらかになるまでする。
5. 絞った2、3を加えて混ぜ合わせる。

😊 甘く煮た油揚げが、せりの苦味や香りを和らげてくれ、食べやすくなります。

春の海春の野が広がる
あさりと菜の花のスープ

[材料(4人分)]

あさり…2パック
酒…1/3カップ
にんにく…1片
菜の花…1/2束
卵…1個
だし…4カップ
薄口しょうゆ、塩…各小さじ1

[作り方]

1. 鍋にみじん切りにしたにんにくと、あさり、酒を入れて火にかけ、酒蒸しにする。
2. あさりが開いたらだしを入れ、しょうゆ・塩で味つけする。
3. ざく切りにした菜の花を加え、少し沸いてきたら溶き卵を回し入れる。

😊 だしを野菜スープに替えて、塩こしょうで味を調えると洋風に。

一口サイズで食べやすく
ころころコロッケ

肉は入っていませんが、玉ねぎの甘さとコンデンスミルクのコクやなめらかさが、じゃがいものおいしさを引き立ててくれます。子どもが食べやすい小さいサイズに丸めます。

［材料（4人分）］

じゃがいも…6〜8個
玉ねぎ…大1個
コンデンスミルク…大さじ2
塩、小麦粉、卵、パン粉、揚げ油…各適量

ソース
ウスターソース…大さじ3
ケチャップ…大さじ1
すりごま…大さじ1
レモン汁…大さじ1

☺ 市販のパン粉は細かくすると油を吸う量が減りヘルシー。
　パンの残りがあったらパン粉にし、冷凍しておくといいですよ。

［作り方］

1. 玉ねぎはみじん切りにし、サラダ油大さじ1（分量外）でじっくり炒め、塩少々を混ぜる。
2. じゃがいもは丸ごとゆでて、熱いうちに皮をむいてつぶす。コンデンスミルクを加えて混ぜ合わせ、固いようならゆで汁を少し加えてまとめやすい固さにする。
3. 2のじゃがいもに1の玉ねぎを加えて混ぜ合わせ、ピンポン球くらいの大きさに丸める。
4. 小麦粉、卵、パン粉の順につけ、180℃の油で揚げる。
5. ソースの材料を合わせ、盛りつけたコロッケにかけていただく。

サクッと軽やかに
春を巻く春巻

シャキシャキしたキャベツの軽さと揚げ物のボリューム感が好評の一品。ひき肉の替わりに鮭ほぐしを使っても簡単でさわやかな味わいになります。

[材料(4人分)]
キャベツ…大 $\frac{1}{2}$ 個(500g)
にんじん… $\frac{1}{2}$ 本
しいたけ…2枚
豚ひき肉…100g
にんにくみじん切り、しょうがみじん切り
…各大さじ1
片栗粉…大さじ1~2
しょうゆ、酒…各大さじ1
春巻きの皮…10枚
塩、揚げ油…適量

[作り方]
1. キャベツ、にんじんは千切りにして軽く塩をし、しいたけはうすくスライスし、片栗粉をまぶす。
2. フライパンに大さじ1の油(分量外)をひき、にんにく、しょうがを炒め、香りが出たらひき肉を加えてほぐしながら中火で炒め、しょうゆと酒で味を調える。
3. 広げた春巻きの皮に1、2を乗せて包み、180℃の油でこんがりと揚げる。

😊 酢じょうゆをつけても、そのままでも美味しい。

大好きなお好み焼き風
キャベツの卵焼き

朝ご飯によく作りました。食欲のない朝でもこれなら食べたものです。残り野菜があったら千切りにして入れてもいいでしょう。お椀1杯のキャベツに卵1個が目安です。

[材料(4人分)]
キャベツ…小 $\frac{1}{2}$ 個
ちりめんじゃこ… $\frac{1}{2}$ カップ
卵…4個
ごま油…大さじ2

😊 よく切れる包丁だと千切りががぜん楽しくなります。

[作り方]
1. ボウルに千切りにしたキャベツ、ちりめんじゃこを入れ、卵も割り入れ、空気を入れるようにしてよく混ぜる。
2. フライパンを熱してごま油をひき、1を流し入れる。
3. 弱火でゆっくり焼き、焦げ目がついたらひっくり返す。フライ返しで4つに切り、ひとつずつ返すとやりやすい。
4. 両面がこんがり焼けたら皿に乗せ、マヨネーズ、ケチャップなど好みの味つけでいただく。

彩りも味わいもよし！
シンプル春野菜

子どもたちには野菜そのもののおいしさを知ってほしいですね。加熱は短めにして、蒸しすぎない、ゆですぎないように。味つけも塩とオリーブ油だけでシンプルにします。

[材料(4人分)]
じゃがいも…小4個
にんじん…1本
こごみ…8～10本
アスパラガス…3本
そら豆(さやから出したもの)
　…10～15個
スナップエンドウ…7～8本
ベーコン…2枚
卵…1個
塩…小さじ1
オリーブ油…大さじ2

[作り方]
1. じゃがいも、にんじんは皮つきのまま蒸し器に入れて塩少々をふり、10分ほど蒸し、食べやすい大きさに切る。
2. 青い野菜は順に塩ゆでし、アスパラガスは4cmほどに切り、スナップエンドウは半分に割る。
3. ベーコンは5mm幅に切ってカリカリに炒める。卵はゆでてくし形に切る。
4. 1～3を混ぜ、塩をパラパラと振り、オリーブ油を回しかける。

カリカリじゃこがアクセント
新玉ねぎとひじきのサラダ

みずみずしくて甘みもある新玉ねぎ。子どもには水にさらしてあげましょう。ちりめんじゃこはまとめて炒めておき、サラダのトッピングなどに使います。

[材料(4人分)]
新玉ねぎ…大1個
ひじきの炒め煮…大さじ3
(常備菜92ページ参照)
ちりめんじゃこ…1/2カップ
韓国のり…2枚
ごま油…大さじ1
炒りごま(麻の実でもいい)、
かけポン…各適量

[作り方]
1. 玉ねぎはスライスして水にさらす。
2. ちりめんじゃこはごま油でカリッと炒める。
3. 水気を絞った玉ねぎ、ひじきの炒め煮を混ぜ合わせて器に盛り、2、ちぎった韓国のり、炒りごまをのせ、かけポンをかける。

😊 かけポンは、ポン酢2に対しだし1。

食欲をそそる甘酸っぱさ
たけのこ酢豚

たけのこの煮物を酢豚にするといいですよ。すでに味がなじんでいるうえ、子どもの大好きな甘酸っぱい味つけなので、食べること、食べること！

[材料(4人分)]
たけのこ煮…300g
　(うす味で煮た残り)
うす切り豚肉…300g
しょうゆ・酒…各小さじ2
片栗粉…少々
玉ねぎ…1個
にんじん…1/2本
パプリカ…1個
きくらげ(乾燥)…3g
B ┌ ケチャップ…大さじ4
　│ 酢…大さじ2
　│ 素精糖…大さじ1
　│ 薄口しょうゆ…大さじ1
　│ 酒…大さじ1
　└ 片栗粉…大さじ1 1/2
ごま油…大さじ3

[作り方]
1. 肉は一口大に切ってしょうゆと酒につけ、きくらげは水で戻す。
2. 野菜は小さめの乱切りにし、1のきくらげも石づきを取って同じ大きさに切り、肉に片栗粉をまぶす。
3. 中華鍋にごま油を入れて中火にかけ、2の肉を炒め、たけのこも入れて炒める。
4. ほかの野菜も加えて炒め、水50mlを加えてふたをし、弱火で蒸し煮にする。
5. Bを混ぜ合わせ、4に入れて、手早く全体を混ぜ合わせる。

にんじん嫌いも大好き
にこにこオムライス

すりおろしたにんじんをご飯と一緒に炊き、赤い色と甘みをつけます。
これならにんじん嫌いの子どもも食べてくれるでしょう。
ベタつかずおいしく作るには、少量の油でご飯をしっかり炒めること。
卵は早めに火を止めてホワホワの柔らかさを残すこと。

[材料（4人分）]
米…2合
にんじん…2～3本
鶏もも肉…200g
玉ねぎ…1個
きのこ（マッシュルーム、しいたけ、エリンギなど合わせて）…50g
トマトケチャップ…大さじ6
卵…8個
パセリのみじん切り…大さじ3～4
塩、こしょう、サラダ油、バター…各適量

[作り方]

1. にんじんご飯を炊く。炊飯器にといだ米、すりおろしたにんじん、塩小さじ$\frac{1}{2}$を加え、分量よりやや少なめに水を入れて炊く。

2. 鶏肉はさいの目に切り、玉ねぎ、きのこはみじん切りにする。

3. フライパンに大さじ1のサラダ油を熱し、2の鶏肉を炒め、火が通ったら玉ねぎ、きのこを加えて炒め、塩・こしょうで味を調える。

4. 3に炊きあがった1のご飯を加えて炒め、ケチャップを加えて全体にからめる。火を止めてパセリを加え混ぜる。

5. 卵2個を溶く。別のフライパンにバター4gとサラダ油大さじ1を熱し、2個分の卵を流し入れ、さっとかき混ぜる。すぐに4のご飯$\frac{1}{4}$量を乗せ、火を止めて卵で包むようにする。

6. 器に盛り、形を整える。これを4人分作り、上からケチャップをかける。

じゃがいもときのこでふっくら
まんぷくハンバーグ

どうだ！というくらい大きなハンバーグをドーンとのせて、食べ盛りの子どもを満足させます。じゃがいものすりおろしときのこを加えて、かさをアップさせると同時にやわらかさや風味もプラス。スパゲッティと野菜を添えるのもわが家の定番です。

[材料（4人分）]

牛ひき肉…800g	牛乳…1カップ
（豚ひき肉を混ぜてもいい）	卵…2個
玉ねぎ…2～3個	パセリのみじん切り…大さじ1
しいたけ…4～5枚	バター…小さじ1
生パン粉…1カップ	塩、こしょう、ナツメグ、サラダ油…各適量
じゃがいも…小1個	デミグラスソース…1カップ
	野菜スープ…1/2カップ

[作り方]

1. 玉ねぎとしいたけをみじん切りにし、バターとサラダ油少々をひいたフライパンに入れて炒め、塩、こしょうをして冷ます。じゃがいもは皮をむき、すりおろす。
2. 生パン粉に牛乳1/2カップを加えてしんなりさせておく。ひき肉に牛乳1/2カップを加え、よく練る。
3. ボウルに1、2とパセリ、卵、ナツメグを加えて白っぽくなるまでよく練る。4つに分けて、両手のひらでキャッチボールをするように空気を抜きながら形を整える。
4. フライパンにサラダ油を少々入れ、3を並べて中火にし、ふたをしてゆっくり蒸し焼きにする。火が通ったらひっくり返して裏面も焼く。
5. 市販のデミグラスソースに野菜スープを加えて濃度を薄め、温める。
6. 皿にハンバーグを乗せ、5のソースをかける。

😊 野菜スープは8ページ参照。

😊 ハンバーグは多めに作り、衣をつけてメンチカツにしたり、小さく丸めてお弁当用のミニハンバーグにします。

日々はきらきら、カケラの積み重ね

　子育て中、子どもたちの写真をよく撮りました。別に目的があったわけではなく、ただこの瞬間を撮っておこうと思っただけでしたが、今振り返ればそれはとてもよかったことだと思います。

　当時はまだ携帯電話もデジタルカメラもなく、フィルムのカメラでした。私はどこにでもカメラを持って行きました。忘れたり故障したときは、インスタントカメラを買い、実によく撮りました。ただ、子どもたちのすることは本当におもしろく、表情があまりにかわいいので、ため息をついたり押し忘れてしまうことがずいぶんありました。それでも次第に慣れて、時には自分でもびっくりするようないい写真が撮れることもありました。

　そして、現像した写真や子どもが描いた絵を額に入れて家のあちこちに飾りました。子どもはどんどん大きくなりますから、写真はすぐに過去のものになっていきます。でも、あちこちに思い出のカケラが飾ってあっていつも目に飛び込んでくるのは、楽しくていいものです。子どもたちも二階に上がるとき、よく階段の壁にかけてある写真を見て思い出話をしたり、ケタケタ笑ったりしていました。

　子育ては、その渦中にいるときは余裕ナシで必死ですが、過ぎて振り返ってみればあっという間のことです。どんどん過ぎてゆく幼い子どもの表情やできごとをアルバムの中にしまい込まないで、日常の空間にあると、いつも目にすることができ、見れば不思議と元気になります。たまに諍いがあったり、気持ちがぎくしゃくしたときでも、楽しかったときの写真を見ていると、いつの間にか笑いが戻ったりします。

　今の時代、家族の絆を育てるのはなかなか難しいと言われます。私は、いつか時が経って子どもたちが巣立ち、家族の形が変わるとき、家中に飾られた写真たちが、まるで一枚の大きな画のようになっていることを想像します。その画の中に家族それぞれが、自分たちのつないできた絆を発見できたら、こんなすてきなことはないと思います。だって、家族みんなで一つ屋根の下で暮らせるのって意外と短いものですから。

パンを作ろう！

八ヶ岳に越してきたころは近所にパン屋さんがなく、自分で作るしかなくてパン作りに挑戦しました。なかなかおもしろく、分量さえ間違わなければちゃんとできます。それに、焼き上がるときに家中に広がる香ばしい匂いは、幸せそのものです。

粉の配合や中に入れる具材をいろいろ変えられるのも手作りだからこそ。季節に合わせ、子どもたちのリクエストに応じ、いろいろなパンを作ってきました。

子どもが大好きなサンドイッチは、何度も作っているうちにベストマッチの組み合わせができました。それは、ジブリカフェの定番メニューにもなっています。

香ばしさと甘さがうれしい
くるみとクランベリーの全粒粉パン

[材料（4人分）]

強力粉…300g	オリーブ油…大さじ1
全粒粉…200g	生イースト…10g
塩…8g	ぬるま湯…300㎖
素精糖…20g	くるみ、クランベリー
スキムミルク…大さじ2	…各½カップ

[作り方]

1. 生イーストをぬるま湯に溶かしておく。くるみはオーブントースターで少しローストして刻む。
2. ボウルに粉、塩、素精糖、スキムミルクを入れ、混ぜる。1のイーストとオリーブ油を加え、手で混ぜ合わせる。刻んだくるみを加え、20分ほどよくこねる。
3. 生地につやが出てきたら、クランベリーを加えてさらに10分ほどこね、弾力が出てきたらこねあがり。生地の表面を張るように丸めてぬれぶきん、シャワーキャップをかけ、暖かい場所におく。
4. 約1時間で1.5倍くらいにふくらむ。ガスを抜くようにパンチし、さらに20分ほどおいて一次発酵終了。
5. 生地をふたつに分け、それぞれくるっと巻き、型に入れる。暖かい場所に30分ほどおいて二次発酵。
6. その間にオーブンを予熱し、二次発酵が終わったら、200℃のオーブンで30分焼く。

😊 生イーストはパン屋さんで分けてもらえます。
😊 プレーンのときはオリーブ油を大さじ2に。

トンカツは厚みがあるのでパンも厚切りを。
ビーフカツは薄いのでパンも薄めに。
パンは、重みのある全粒粉のパンが合います。
ソースにレモンとごまを入れてさわやかさと
コクをプラスするのもおいしさの秘密。

全粒粉のしっかりパンとさわやかソース
くいしんぼうのカツサンド

[材料(4人分)]
全粒粉のパン(6枚切り)…8枚
豚ヒレかたまり肉…450〜500g
塩、こしょう…各適量
小麦粉・卵・パン粉…各適量
※パン粉はすり鉢などで細かくする

B［ とんかつソース…大さじ4
　　ケチャップ…大さじ1
　　レモン汁…大さじ1
　　すりごま…大さじ2 ］

レタス、揚げ油…各適量

[作り方]
1. 豚ヒレ肉は厚さ1cmぐらいに切り、塩、こしょうをする。小麦粉、溶き卵、パン粉の順につけて180℃の油で揚げ、トンカツを作る。
2. パンはオーブントースターでカリッと焼く。
3. Bのソースを混ぜ合わせる。
4. レタスは洗って水気をふきとり、パンに合わせてちぎる。
5. 2のパンにレタスをのせ、1のカツをパンのサイズに合わせて2〜3個のせ、3のソースをたっぷり塗り、レタスをかぶせてもう一枚のパンを乗せる。
6. 半分に切って、皿に乗せる。

薄めのパンで味わいたい
やせっぽちのビーフサンド

[材料(4人分)]
全粒粉のパン(7枚切り)…8枚
牛うす切り肉…300〜350g
レタス、塩、こしょう…各適量
※カツの衣、ソースは上記のA、Bと同様

[作り方]
牛肉は広げて重ね、パンと同じくらいのサイズにし、衣をつける。あとは、くいしんぼうのカツサンドと同様に作る。

わぁー！歓声があがる
あこがれのフルーツサンド

フルーツパーラーのサンドイッチを再現してみました。生クリームを真ん中に向けて盛り上げるのが、切ったときにボリューム感を出し、見た目もおいしくするコツ。上品な味なので白いソフトなパンを使い、耳も落として仕上げます。

[材料(4人分)]
食パン(8枚切り)…8枚
生クリーム…200mℓ
素精糖…大さじ1$\frac{1}{2}$
キルシュワッサー…大さじ1
いちご…6〜8個
キーウィ…1個
黄桃(缶詰)…$\frac{1}{2}$缶

☺ 黄桃は前もって缶から出して水洗いし、キルシュワッサーを少しふっておきます。

[作り方]
1. 生クリームをボウルに入れ、素精糖、キルシュワッサーも入れ、泡立て器で角が立つくらい固めに泡立てる。
2. いちご、キーウィ、黄桃は厚さ3mmにスライスする。
3. パン8枚すべてに1を塗る。
4. 2を乗せる。真ん中にキーウィを1枚置いて上にいちごを乗せ、角に向かって4枚のいちごを置き、その上に黄桃を乗せる。
5. もう一枚のパンを乗せ、四方を押さえながらラップで包み、冷蔵庫に入れ落ち着かせる。
6. 食べる直前に冷蔵庫から出し、耳を落として対角線に切る。

☺ クリームは真ん中を高く塗ります。

子どもはみんな大好き
チョコバナナサンド

チョコレートとバナナの組み合わせは、子どもたちの大好きな味。チョコレートスプレッドはケチらずにたっぷりと！

[材料（4人分）]
食パン（8枚切り）…8枚
バナナ…2〜4本
チョコレートスプレッド…大さじ8

[作り方]
1. バナナは皮をむいてたて3つに切り、パンの長さに合わせて切る。
2. パン8枚にチョコレートスプレッドをたっぷり塗る。
3. パンのサイズに合うようにバナナを乗せ、もう一枚のパンをのせる。
4. しっかり押えて、食べやすい大きさに切る。

和洋ミックスが楽しい
よもぎパンあんサンド

春、よもぎが柔らかいときに先端の部分を摘んでゆで、冷めたらフードプロセッサーにかけます。よもぎパンとあんの相性はバッチリです。

[材料（4人分）]
強力粉…250g
塩…4g
素精糖…10g
生イースト…5g
ぬるま湯…170㎖
よもぎペースト…70g
（ゆでてフードプロセッサーにかけたもの）
オリーブ油…大さじ$\frac{1}{2}$
あん…$\frac{1}{2}$カップ
生クリーム…100㎖

[作り方]
1. 生イーストをぬるま湯で溶かしておく。
2. ボウルに強力粉、塩、素精糖、よもぎ、1、オリーブ油を加えてよくこね、20ページと同様によもぎパンを焼く。
3. 生クリームを角が立つくらい泡立てあんの半分を加えて混ぜる。
4. 2のパンを8枚に切る。2枚にあんを塗り、3のクリームあんを塗る。
5. それぞれもう一枚を重ねて、食べやすい大きさに切る。

よもぎは小分けして冷凍しておくと、パンやお菓子、餅にも使えます。

スパイスの香りがおいしさを引き立てる
カレー味のホットドッグ

カレーの風味がホットドッグをさらにおいしくします。スパイスがない場合はフレーク状のカレールウ大さじ1でもいいです。

[材料（4人分）]
全粒粉のドッグパン…8本
ソーセージ…8本
キャベツ…小$\frac{1}{2}$個
A [ターメリック…小さじ1
    ガラムマサラ…大さじ1
はちみつ…大さじ1
サラダ油、ケチャップ、からし…各適量

[作り方]
1. キャベツは千切りにし、ドッグパンは切り込みを入れ、ソーセージは油なしのフライパンで弱火で焼く。
2. フライパンにサラダ油少々をひき、1のキャベツを炒め、水少々入れてふたをして蒸し煮にし、Aのスパイスとはちみつを加えて混ぜ炒める。
3. オーブントースターであたためたパンに2をたっぷり入れ、ソーセージとケチャップを乗せる。好みでからしをかける。

おやつですよー！

おもてなしにもおやつにも
いちごのロールケーキ

生地が薄いので焼き時間が短く、1時間もあればできてしまいます。果物は桃やキーウィなど旬のものを使って季節を味わいましょう。素精糖が入るのでうす茶色のケーキですが、おやつはもちろん、おもてなしにもなります。

[材料（23×23cmの天板1枚分）]

生地
薄力粉…50g
コーンスターチ…小さじ1
卵（L）…3個
素精糖…70g
無塩バター…30g

シロップ
熱湯…30ml
素精糖…10g
キルシュワッサー…大さじ1

仕上げ用
A［ 生クリーム…200ml
　　素精糖…大さじ1
　　キルシュワッサー…大さじ1
　　いちご…1パック

下準備
①卵は卵黄と卵白に分けておく。
②薄力粉とコーンスターチを合わせておく。
③バターを湯せんにかけて溶かしておく。
④シロップの材料を合わせておく。
⑤いちごのへたを取って1つを8等分に切っておく。
⑥オーブンを180℃に温めておく。

1. 2. 3. 4. 5. 6. 7.

[作り方]

1. 卵白はハンドミキサーで角が立つまで泡立て、素精糖20gを加えて混ぜ、しっかりしたメレンゲを作る。

2. 別のボウルで卵黄を溶き、素精糖50gを加える。60℃くらいで湯せんしながら白くもったりするまで混ぜる。

3. 2に1のメレンゲを2回に分けて加え、ゴムべらで混ぜ合わせる。薄力粉とコーンスターチをふるいにかけながら加えてざっくりと混ぜ、溶かしバターを加えて混ぜ合わせる。

4. 天板にオーブンシートを敷き、3の生地を流し入れて平らにならし、180℃のオーブンで20分焼く。

5. 大きめに切ったラップの上に新しいオーブンシートを乗せる。その上に粗熱のとれた4の生地を焼き面を下に乗せ、シートをはがす。生地をひっくり返して焼き面を上にし、シロップをはたくようにして生地に染み込ませる。

6. Aを合わせて泡立器でしっかり泡立て、生地に平らに塗り、いちごを並べる。シートごと持ち上げ、巻き寿司を巻くように手前から向こうへ巻く。

7. ラップで包み、両端を輪ゴムで留めて冷蔵庫へ。

ボウルひとつでできる チョコバナナマフィン＆よもぎ甘納豆マフィン

だいじなのは計量を間違えないことだけ。材料を順番に混ぜていけばいい、手軽にできる焼菓子です。
中に入れるものは、季節の野菜や果物など何でもOK。よく遊びに来た子どもたちのお土産にしました。

[材料（直径7cmのマフィン型10～12個分）]

基本材料
薄力粉…200g
ベーキングパウダー…小さじ1
素精糖…90g
卵(L)…2個
無塩バター…90g
キルシュワッサー…大さじ1
生クリーム…50㎖

＊チョコバナナマフィンの場合
バナナ…大2本
チョコチップ…60g

＊よもぎ甘納豆マフィンの場合
よもぎペースト…100g
（23ページ参照）
甘納豆…1/2カップ

下準備
①薄力粉とベーキングパウダーを合わせておく。
②バターを常温に戻し、やわらかくしておく。
③バナナをスプーンの背でつぶし、キルシュワッサーをふっておく。
④オーブンを175℃に温めておく。

☺ アルミニウム（ミョウバン）を使用していない、安全なアルミフリーのベーキングパウダーを使います。

 1.  2.  3.  4.  5.  6.

[作り方]
1. バターは、ハンドミキサーで空気を含ませながら混ぜる。素精糖を加え、混ぜ合わせる。
2. 卵を溶き、少しずつ加えて混ぜ合わせる。

3. チョコバナナの場合
つぶしたバナナを加え、ゴムべらで混ぜる。
よもぎ甘納豆の場合
よもぎペーストを加え、ゴムべらで混ぜる。
4. 生クリームを加えてゴムべらで混ぜ、薄力粉とベーキングパウダーをふるいながら加えて、ざっくりと混ぜる。

5. チョコバナナの場合
チョコチップを加えて混ぜる。
よもぎ甘納豆の場合
甘納豆を加えて混ぜる。
6. 生地を型の8分目くらいまで入れ、175℃のオーブンで25～30分焼く。竹串を刺して生地がつかなければ焼き上がり。

ジブリ美術館のカフェ
「麦わらぼうし」に関わって

　三鷹の森ジブリ美術館がオープンしたのは2001年10月です。

　宮崎駿さんとのご縁は、夫がジブリ映画の声の仕事をさせていただいたことがきっかけでした。宮崎さんは八ヶ岳に別荘をお持ちで、毎年夏休みをそこで過ごされていました。夏の滞在中、散歩の途中によくわが家に立ち寄られ、子どもたちに作る昼ご飯やおやつを一緒に食べていかれるようになりました。

　ちょうどそのころジブリ美術館を作ることが決定し、宮崎さんからオープンに向けて"お母さんの目線"で参加してほしいと依頼がありました。最初は軽い気持ちで、アドバイスくらいならとお引き受けしましたが、やがてカフェの仕事を全面的に任せていただくことになりました。やりたい気持ちが強くて、無我夢中で取り組んだ2年間でした。

　子育て奮闘中のママたちが喜んでくれる居心地のよい空間を作り、ちんまい子どもたちに安心して食べてもらえる安全な食材で食事やデザートを用意しようと考えました。実現に向けてひとつひとつの決断をするとき、夫や4人の息子たちに恥じないものをと心の内で誓いながら選択しました。いつのまにか日本の子育て中の母親代表のつもりでいたのです。

　カフェ店内の中心に薪ストーブを設置し、煙突をまっすぐ屋根に出す。夕暮れになったらろうそくに火を灯す。八ヶ岳の友人たちの力を借りて作ってもらった木のテーブル、大人の椅子と子どもの椅子、ステンドグラスの照明器具。ケーキを作る部屋は踏み台に乗ればガラス越しに見えるようにし、カフェ入口の横には子ども専用の手洗い場を作る。広々としたデッキにはテーブルセットを置き、持参したお弁当やテイクアウトのホットドッグや飲み物で食事ができるようにするなど、親子でゆっくりくつろげる空間にしようと提案しました。

　メニューは、種類は少なくても思い出に残るものをとわが家の子どもたちに人気のメニューを中心に決めました。オリジナルの旗を立てたくいしんぼうのカツサンド、あこがれのフルーツサンド、具だくさんの農家のスープ。ふぞろいイチゴのショートケーキは子どもたちの誕生日にいつも作るもので、ジブリ美術館にやってきた子どもたちはみんなハッピーバースデーの祝福を込めて。カフェの食器はオリジナルのキャラクターのもの。ストローは環境ホルモンの心配のない本物の小麦‥‥お母さん目線で「カフェ・麦わらぼうし」を完成することができたのは、スタッフの皆さんが助けてくださったおかげです。

　美術館のオープンから10数年が過ぎました。私は今はもう関わっていませんが、これからも子育て中のお母さんや子どもたちを楽しませてくれる、世界に誇れる美術館であり続けてほしいと願っています。

夏のごはんとおやつ

八ヶ岳の夏は短く、子どもたちの夏休みはもっと短い。
夏は、父ちゃんはたいてい舞台の仕事で不在なので、
我が家の夏休みは、おでかけも旅行もありません。
毎日、朝のラジオ体操と学校のプールと昆虫採集を兼ねたお散歩。
すぐに「おなかすいたぁ〜」の声に、
3度の食事とおやつ作りに追われる日々。
夏休みのお昼ご飯は、毎日そうめん、時々パスタ、時々ピザ。
畑の採れたて野菜は別盛りにして、みんなでテラスで食べます。
短い夏は、しっかり食べて遊んで、夜は星空散歩に出かけ、
あっという間に過ぎていきます。

エネルギーいっぱいの夏

　太陽が「夏だあ〜！」って叫んでいるみたいに輝く光は、パワーアップして畑の野菜たちを大きく育ててくれます。

　夏休みは父ちゃんがいなくても、畑では父ちゃんの作ったトマトやきゅうりなどの夏野菜が食べごろを迎えます。畑からもいできて、そのまま塩だけで食べるおいしさは、子どもたちの夏の喜びでもあります。「うめ〜！」「おいしーい！」。ある日、日が暮れても三男が帰ってこないので、大慌てで探したことがありました。何と、トマトのハウスの中で眠っていたのです。大好きなトマトをかじりながら。

　都会育ちの私は、八ヶ岳の生活で初めて野菜の花の美しさと香りを知りました。採れたての野菜を食卓に並べるとき、愛らしい花を思い出し、何だか誇らしい気分になります。

　父ちゃんの仕事の休みの日に合わせて、家族全員でじゃがいも掘りをします。それぞれ畝一列を担当し、今年の収穫量にわくわく。子どもたちは土だらけ！　後で掘り残しがないか父ちゃんが調べるので、みんな真剣です。お昼はふかしいもを塩かバターで。夕ご飯は素揚げしたいもを甘味噌で。その日の主役はあくまでじゃがいもです。

　夏の太陽が、林の中の小径に木漏れ日のまだら模様を作り、お散歩の時間を楽しませてくれます。八ヶ岳では、雨上がりによく大きな虹がかかります。その日も、子どもたちと手をつないで歩いていたら、東の開いた空に、くっきりと色鮮やかな虹が大きくかかりました。いちばん上の息子が、まじめな顔をして「ぼく、ちょっと虹のところまでいってくるからね。母ちゃん、心配しないでね」。困りながらも子どもの初々しいまなざしに思わず感動してしまいました。

食べ盛りの男子も大満足 牛丼

小学校の高学年になると食欲旺盛で、競っておかわりするようになりました。そんな子どもたちによく作っていたのが丼物。玉ねぎを大量に煮ておけば、親子丼などにも使えます。牛丼は、こしょうを効かせるのがポイント。

[材料(4人分)]
牛うす切り肉…400g
玉ねぎ…大2個
A ┌ だし汁…300㎖
  │ 素精糖…小さじ2
  │ 酒…大さじ1
  │ みりん…大さじ3
  └ しょうゆ…大さじ4
こしょう、紅しょうが…各適量

[作り方]
1. 玉ねぎは半分に切って5㎜の厚さにスライスし、牛肉は食べやすい大きさに切る。
2. 鍋に玉ねぎとAを入れて中火にかけ、煮立ったら弱火にして玉ねぎが煮汁になじむまで煮る。
3. 牛肉をほぐして加え、肉の色が変わったら火を止め、こしょうをたっぷりふる。
4. ご飯に3をのせ、紅しょうがを飾る。

畑でいっぱいトマトが採れたら トマトと卵の中華スープ

[材料(4人分)]
完熟トマト…中4個
卵…2個
水…5カップ
中華スープの素…1袋
片栗粉…大さじ2
塩、こしょう、
ねぎのみじん切り、
ごま油…各適量

[作り方]
1. トマトは半分に切ってヘタを取って鍋に入れ、水を加えて中火で約10分煮る。はずれてきた皮を取り除き、お玉でつぶしながら煮る。
2. 中華スープの素を加え、塩・こしょうで味を調える。
3. 片栗粉を同量の水で溶き、2に加えてとろみをつける。割りほぐした卵を全体にまわしかけ、火を止め、ごま油をまわしかけ、ねぎのみじん切りを乗せる。

ごま入りご飯でおいしく栄養も高く まぐろ丼

お刺身として食べる以上にこの丼が好評で、新鮮なまぐろが手に入るとよく作りました。ご飯にごまやネギをたっぷり混ぜるのが我が家流です。

[材料(4人分)]

刺身用まぐろ…300〜400g
ご飯…2合
つけ汁A
- しょうゆ…大さじ1½
- 煎り酒…大さじ1
- みりん…小さじ2

ごま…大さじ2
万能ねぎのみじん切り…大さじ3
大葉、のり…各適量

[作り方]
1. 刺身用のまぐろを斜めにうすく切り、食べる30分前にAを合わせたつけ汁に浸ける。
2. 人肌に冷ましたご飯に、ごま、万能ねぎを混ぜる。
3. 器に2を入れ、のりの細切りを散らし、1をのせ、大葉の千切りを天盛りにする。

☺ 煎り酒とは、日本酒に梅干しを入れて煮詰め、こんぶなどのだしを加えたもの。ほどよい酸味と旨味があります。

さっぱりたっぷり食べられる 豚しゃぶサラダ

豚肉はビタミンBが豊富で夏に食べさせたいタンパク質のひとつ。肉はゆでたら直接ポン酢に浸けて味を染み込ませます。採れたてのきゅうりやトマトと一緒にたっぷりいただきます。

[材料(4人分)]

しゃぶしゃぶ用豚肉…300g
トマト…2個
きゅうり…2本
豆腐…1丁
塩蔵わかめ…40g
貝割れ大根…½パック
みょうが…2個

A
- だし…100mℓ
- しょうゆ…50mℓ
- みりん…50mℓ
- 素精糖…10g

B
- ゆず、かぼす、すだちなどの絞り汁…150mℓ

C
- ねぎ…5cm
- しょうが…1かけ
- 紹興酒…少々

[作り方]
1. ポン酢を作る。鍋にAを入れて一煮立ちさせ、粗熱がとれたらBを加える。
2. 大きめの鍋に水1ℓとCを入れて沸かし、豚肉を広げるようにしてさっとゆで、1のポン酢につけていく。
3. わかめは塩抜きして食べやすい大きさに切る。豆腐は水を切って一口大に、トマトはくし形、きゅうりは乱切りにする。
4. みょうがのスライスや貝割れ大根を飾り、ポン酢を添える。

☺ 豚しゃぶのゆで汁は旨味が溶け出しているので、こしてスープに使います。

キーマカレー

子どもに人気No1のカレーは、本格派で

ひき肉のカレーなら簡単に短時間で本格派カレーができます。最後にフレークルウを少し加えることで、子どもたちも食べやすくなります。黄色いターメリックライスにするとカレー気分がもっとアップ！

[材料(4人分)]

豚ひき肉…500g
玉ねぎ…大2個
クミンシード…小さじ1
塩…小さじ1
オリーブ油…大さじ2
ピーマン…6個
パプリカ…2個
A［ターメリック(粉)…大さじ2
　コリアンダー(粉)…大さじ2
　ガラムマサラ…大さじ2］

完熟トマト…3個
（トマト缶1缶でも）
トマトジュース…1缶
レーズン…1/2カップ
カレールウフレーク
　…大さじ1〜2
ゆで卵…1個

ターメリックライス
米…2合
ターメリック…小さじ1
塩…小さじ1/2

[作り方]

1. 野菜はすべて粗みじんに切る。
2. 厚手の鍋にオリーブ油とクミンシードを入れて中火にかける。香りがしてきたら玉ねぎと塩を入れて透明になるまで炒め、ひき肉を加えてさらに炒める。
3. ひき肉に火が通ったら、Aのスパイスを加えて炒め、香りがしてきたらトマト、トマトジュース、レーズン、水1カップを加えて弱火で20分くらい煮る。
4. 半分ぐらいに煮詰まったらルウを加える。
5. ほかの野菜を加え、3分ほど煮て火を止める。
6. ターメリックライスを炊き、5をかけ、刻んだゆで卵を飾る。

😊 ターメリックライスを炊くときに、グリンピースやひよこ豆を半カップほど加えても美味。

チキンカレー

インド料理を習ってからカレーベースを作るようになりました。玉ねぎとトマトの旨味が詰まったカレーベースは倍の分量で作り、半分冷凍して「主婦の貯金」にします。ティーンエイジャーになるとこちらのカレーが好きになり、リクエストも多くなります。

[材料(4人分)]
カレーベース
- 玉ねぎ…大3個
- 完熟トマト…3個
- クミンシード…小さじ2
- オリーブ油…大さじ3

塩…小さじ$\frac{2}{3}$
鶏もも肉…600g
にんにくすりおろし…1片分
しょうがすりおろし…1かけ分

A
- ターメリック(粉)…大さじ2
- コリアンダー(粉)…大さじ1
- ガラムマサラ…大さじ3

塩…小さじ$\frac{1}{2}$

[作り方]
1. カレーベースを作る。玉ねぎは粗みじん切りにする。厚手の鍋にオリーブ油とクミンシードを入れて中火にかけ、香りがしてきたら玉ねぎを入れて強火で炒める。水分がなくなってきたら弱火にして薄茶色になるまでよく炒め、火を止めてふたをして5分ほど蒸らす。
2. トマトは皮をむいてざく切りにし、1に加え、弱火で汁気がなくなるまでよく炒める。カレーベースのできあがり。
3. 鶏肉は一口大に切り、にんにく・しょうが・塩をもみこんでおく。
4. 2に3を入れて中火で軽く炒め、Aのスパイスを加えて、香りが立つまで5分ほど炒める。
5. 水4カップと塩を加えて強火にし、沸いてきたら弱火にしてふたをあけ、焦げつかないように時々かき混ぜながら30分ほど煮込む。

😊 カレーベースは鍋底にこびりつくので、木べらでていねいにこそげ取りながら炒めます。
😊 りんごのすりおろしやはちみつを加えると、辛さがマイルドになります。

カレーとともに じゃがいもとカリフラワーのサブジ

我が家の畑は、じゃがいももカリフラワーも夏が収穫期。じんわり蒸し煮にするとほくほく甘く、カレーと一緒にいただくのが定番です。

[材料(4人分)]
- じゃがいも…大2個
- カリフラワー…1株
- クミンシード…小さじ1
- オリーブ油…大さじ2
- 塩…適量

[作り方]
1. じゃがいもは皮付きのままくし形に切り水にさらす。カリフラワーは小房に分ける。
2. フライパンにオリーブ油とクミンシードを入れて中火にかけ、香りがしたら1を加えて炒める。
3. ふたをして弱火にし、蒸し煮にする。
4. 中までやわらかくなったら塩で味を調える。

太陽いっぱいのおいしさ
夏野菜のチーズ焼き

夏は我が家の畑も大豊作。同じ野菜を工夫して毎日食べます。これもそんな中から生まれた1品。野菜は何でもいいのですが赤や緑のものも入れて彩りよくすると、おもてなし料理にもなります。

[材料（4人分）]

- ズッキーニ…1本
- なす…2個
- 赤ピーマン…2個
- ブロッコリー…1/2株
- しいたけ…6枚
- モロッコインゲン…8本
- 玉ねぎ…小2個
- じゃがいも…2個
- にんじん…1本
- カリフラワー…1/2株
- オリーブ油…大さじ2
- 塩、こしょう、ナチュラルチーズ、パルメザンチーズ…各適量

[作り方]

1. 野菜は一口大に切るか小房に分ける。
2. じゃがいも、にんじん、玉ねぎ、カリフラワーは、固めに蒸す。
3. その他の野菜はオリーブ油（分量外）でソテーする。
4. 耐熱容器に2、3を入れ、オリーブ油を回しかけ、塩・こしょうをして全体を混ぜ合わせ、表面にチーズ類をのせる。
5. 200℃のオーブンで20分焼く。

カリッとしてサクッ ライスボール

外でしっかり遊んで帰ってきた子どもたちによく作ったのが、このライスボール。スナックのように食べられ、冷めてもおいしく、冷やご飯の活用にもなります。
ドライトマトのみじん切りを加えるとイタリアン！

[材料（4人分）]

- 冷やご飯…1膳
- 卵…1個
- 小麦粉…大さじ1
- 玉ねぎのみじん切り…1/4個分
- パセリのみじん切り…大さじ1
- 粉チーズ、塩、こしょう、揚げ油…各適量

[作り方]

1. 材料をすべて混ぜ、一口大のボール状にする。
2. 揚げ油を180℃に熱し、1をさっくりと揚げる。

😊 大人はレモンやかぼすを絞ってもおいしい。

「やったー!」の声があがる ピザ3種

休日の午前中に生地をこねていると、子どもたちはそわそわ。「今日のお昼はピザかな?」「母ちゃん、生ハム入れてね」「チーズたっぷり、お願いしまーす」好みを反映させてほしくて、8つの目が手元を見つめます。

[材料(4人分)]

ピザ生地
- 粉類
  - 強力粉…200g
  - 薄力粉…200g
  - 全粒粉…100g
- 素精糖…10g
- オリーブ油…50㎖
- 生イースト…15g
- ぬるま湯…250〜280㎖

トマトソース
- にんにく…1片
- 玉ねぎ…1/2個
- トマトピューレ…100g
- オリーブ油…大さじ1
- ドライバジル…小さじ1
- オレガノ、タイム…各適量

ポテトピザ
- ゆでたじゃがいも
- マッシュルーム
- サラミソーセージ
- ピザ用チーズ

マルゲリータ
- モッツァレラチーズ
- 生ハム
- バジル

イタリア風せんべい
- オリーブ油
- ローズマリー
- 塩

[作り方]

ピザ生地を作る。
1. 生イーストをぬるま湯に溶かす。
2. ボウルに粉類と素精糖を混ぜ、1とオリーブ油を加えて手で混ぜ、台に出して10分ほどこねてひとつに丸める。
3. ボウルに入れ、ぬれ布巾をかけ、シャワーキャップをかぶせて発酵させる。
4. 30分ほどおいて倍くらいにふくらんだら、3つにわけて、綿棒で伸ばす。

トマトソースを作る。
1. にんにく、玉ねぎはみじん切りにする。
2. フライパンにオリーブ油と1を入れて炒め、ハーブ類も加えて炒める。トマトピューレを入れ、弱火で5分ほど煮込む。

ポテトピザ
伸ばした生地の上にトマトソースを大さじ2のせて伸ばし、スライスしたゆでじゃがいもとマッシュルーム、サラミをのせてチーズを散らす。

マルゲリータ
生地にトマトソースを大さじ2伸ばし、スライスしたモッツァレラチーズをのせる。焼き上がったら生ハムとバジルを散らす。

イタリア風せんべい
伸ばした生地をさらにうすく伸ばし、オリーブ油を塗り、ローズマリーと塩をふる。

ピザを焼く
1. 最高温度のオーブン(250〜300℃)で5〜10分焼く。

暑い日は、麺、麺、麺！

夏野菜たっぷり ラタトゥイユのスパゲティ

夏野菜を大きめに切れば煮込み料理に。細かく切ればスパゲティのソースに。夏のエネルギーが凝縮したようなラタトゥイユは、野菜の水分だけで作りましょう。

[材料（4人分）]
スパゲティ（ペンネでもいい）…400g
トマト…大4個
玉ねぎ…大1個
ズッキーニ…2本
なす…2本
パプリカ…3個
にんにく…3片
オリーブ油…大さじ4
トマトピューレ…$\frac{1}{2}$カップ
タイム、オレガノ、塩、こしょう…各適量
粉チーズ、バジル…適量

[作り方]
1. トマトは皮をむいてざく切りにし、にんにくはみじん切りにする。ほかの野菜は1cm角に切る。
2. 厚手の鍋にオリーブ油とにんにくを入れて中火にかけ、香りが出たら玉ねぎを入れて透き通るまで炒め、トマト以外の野菜を加えて炒め、トマトとトマトピューレも加えて炒める。
3. ハーブ類を入れてふたをし、煮立ったら弱火にして20分くらい煮込む。
4. 塩、こしょうで味を調え、ふたをあけて水分をとばしながら5分ほど煮る。
5. たっぷりのお湯に塩大さじ2を入れ、スパゲティをゆでる。
6. 5に4をかけ、粉チーズをふり、バジルを乗せる。

覚えておきたい シンプルトマトソース

アンチョビの塩分と旨味が効いたトマトソースは、まとめて作っておくと何かと便利。スパゲティに、ピザに、スープにも使え、冷凍保存もできます。

[材料（4人分）]
完熟トマト…大4個
にんにく…3片
玉ねぎ…2個
アンチョビ…4〜6本
オリーブ油…大さじ3
塩…適量

[作り方]
1. にんにく、玉ねぎはみじん切り、トマトは半分に切りヘタをとる。
2. 厚手の鍋にオリーブ油、にんにく、アンチョビを入れ、弱火にかける。
3. アンチョビが溶けてきたら玉ねぎを入れて炒め、透明になったらトマトを加えて炒め、弱火でふたをして約15分煮込む。
4. トマトの皮を取り除き、塩で味を調える。

たっぷりごまの風味とコクもうれしい
トマトと卵の冷やし中華

トマトの酸味とふわふわ卵とごまだれの味はとてもよく合います。濃厚だけどさっぱりして、栄養もあるこの冷やし中華は、ひと夏に何度も作ります。大人は香菜を乗せると食欲をそそります。

[材料(4人分)]

中華生めん…4玉
完熟トマト…大2個
卵…3個
にんにく(みじん切り)…小さじ1
ねぎ(みじん切り)…大さじ2
しょうが(みじん切り)…大さじ1
ごま油…大さじ3

ごまだれ
- 中華スープ…1カップ
- 練りごま…大さじ3
- すりごま…大さじ3
- しょうゆ…大さじ$\frac{1}{2}$
- 素精糖…大さじ1
- りんご酢…大さじ2～3
- ごま油…大さじ1

[作り方]

1. トマトは皮をむき、一口大に切る。
2. ボウルにごまだれの材料を入れ、混ぜ合わせる。
3. 中華鍋にごま油大さじ2を入れて熱し、溶き卵を流し入れ、ふわっと半熟くらいになったら、いったん器に移す。
4. 同じ中華鍋に残りのごま油を入れて熱し、にんにく、ねぎ、しょうがのみじん切り、1を入れて炒める。
5. 香りがしたら2を加えて混ぜ、3を加えて火を止め、冷ましておく。
6. 中華めんはゆでて冷水でぬめりを取って水切りし、ごま油(分量外)をかける。
7. 器に6を入れ、5をかける。

毎日でも飽きない 具いろいろそうめん

夏休みのお昼は、悩まないでもいいように毎日そうめん、時々別のものと決めました。
でも具をいろいろ工夫し、おつゆもいくつか用意します。

1 きゅうりの塩もみ　2 らっきょうのうす切り　3 えびの甘煮　4 ちりめん山椒（常備菜93ページ参照）　5 油揚げの煮物（12ページ参照）
6 しょうがと大葉とみょうがの天かす　7 ハムの細切り　8 ちくわ煮　9 錦糸卵　10 大葉、みょうが、ごま入り梅たたき　11 干ししいたけの甘煮

えびの甘煮
1. えび8〜10匹はからを取り、さっとゆでる。
2. しょうゆ大さじ2・水大さじ2・酒大さじ1・素精糖大さじ1½を煮立て、1を入れて煮る。

天かす
大葉、みょうが、しょうがを細かく刻み、衣（天ぷら粉¼カップ、冷水¼カップ、酒小さじ1）を混ぜ、180℃の油でかき混ぜながら揚げる。

ちくわの甘辛煮
1. ちくわ3本は斜めうす切りにする。
2. 鍋に、だし½カップ・しょうゆ小さじ2・素精糖大さじ1½を煮立て、1を入れ、煮汁がなくなるまで煮、炒りごまをふる。

干ししいたけの甘煮
1. 干しいたけ100gは水につけて戻し、よく絞る。
2. 戻し汁3カップ、素精糖大さじ5、しょうゆ½カップ、みりん、酒各¼カップ、塩ひとつまみを加えて中火にかけ、煮立ったら1の水気をもう一度絞ってから入れ、落としぶたをして弱火で約20分煮る。
3. ふたをとり、煮汁がなくなるまで煮る。
4. 冷めたら小分けして冷凍しておく。

つゆ3種

めんつゆ
1. だしをとる。昆布10gは2リットルの水に一晩浸ける。
2. 1を中火にかけ、沸いてきたら昆布を取り出し、かつお削り節を30g入れ、ごく弱火で2〜3分煮る。火を止め、削り節が沈んだら、こす。
3. 2のだし4カップ、しょうゆ1カップ・みりんと酒合わせて1カップを鍋に入れて一煮立ちさせる。

ごまベース
めんつゆ1カップに、煎ってすったごま大さじ4、練りごま大さじ2、素精糖小さじ1、酢大さじ1強を加えて混ぜ合わせる。

トマトベース
めんつゆ3カップに、皮をむいて細かく刻んだトマト2カップを加え、一晩置く。

季節の野菜たっぷり そばサラダ

家族みんなざるそばが好きですが、野菜と一緒にサラダ風に食べるのも好評。ゆでたキャベツや海藻類がよく合い、みょうがと松の実は欠かせません。

[材料(4人分)]

乾そば…300g
キャベツ…1/4個
海藻…10g
サニーレタス…半分
にんじん…1/2本
きゅうり…1本
かぶ…2個
みょうが…4〜5個
大葉…10枚
焼のり、松の実…各適量

ドレッシング
オリーブ油…大さじ3
りんご酢…大さじ2
りんごジュース…大さじ3
だしじょうゆ…大さじ2
(93ページ参照)
塩…小さじ1

[作り方]
1. そばは半分に折って固めにゆで、流水で洗い水を切る。
2. キャベツは3cm角に切り、さっとゆがく。海藻は水で戻す。
3. サニーレタスは食べやすく切り、にんじん、きゅうり、みょうがはたて半分に切り、斜めにスライスする。かぶはたて半分に切り、2〜3ミリにスライスし、塩少々でしんなりさせる。
4. ドレッシングの材料を混ぜ合わせる。
5. 器に1、2、3を混ぜ合わせ、4をかけ、上から細く切った大葉と焼のり、軽くローストした松の実を散らす。

☺ 大人はドレッシングにわさびを入れてもおいしい。

レモンの風味がさわやか 冷製たらこスパゲティ

レモンを加えることでたらこの生臭さが消え、さわやかさもプラスされるたらこソースは、冷たいスパゲティに合わせます。このソースは野菜にからめてもおいしく、ちょっとした一品になります。

[材料(4人分)]

スパゲティ…400g
たらこ…200g
レモン…1個
エキストラバージンオリーブ油
　…1/2カップ
パセリみじん切り…大さじ1

☺ レモンは手で押さえるようにしてころがすと、絞りやすくなる。

[作り方]
1. たらこは薄皮から出し、レモンは絞る。たらこにレモン汁を加えてよく混ぜ、オリーブ油とパセリを加えて混ぜ、たらこソースを作る。
2. スパゲティをゆでてざるにあげ、流水をかけてしめてオリーブ油(分量外)をかけてコーティングし、1をからめる。

たらこソースは野菜にも

1. れんこんはうす切りにして酢を入れた湯でゆがいて冷まし、ソースで和える。
2. じゃがいもは粉ふきいもにして冷まし、ソースで和える。
3. 糸こんにゃくはゆでて食べやすい長さに切り、オリーブ油で炒めてしょうゆを少し加え、ソースをからめる。
4. かぶは葉も合わせてうすく切り、塩もみする。たらこソースにマヨネーズを加えて混ぜ、かぶを和える。
5. にんじんは細く切ってオリーブ油で炒める。熱いうちにソースをからめる。

おやつですよー！

ジャムを作ろう

初夏になると我が家の庭には、ブルーベリーやふさすぐりが成り、近所の林には桑の実や木いちごが採れる場所もあります。果実が成りだすと、ジャムやジュースにしなくちゃともうそわそわ。子どもたちと果汁がついてもいい服に着替え、かごを持って収穫に出かけます。

ブルーベリージャム

[材料（作りやすい量）]

ブルーベリー…1kg
素精糖…350〜400g
レモン汁…1個分

[作り方]

1. ブルーベリーを厚手のほうろう鍋に入れ、素精糖を加え、しばらくおいてなじませる。
2. 強火にかけ、煮立ったら弱火にして好みの濃度に煮る。ブルーベリーはペクチンを多く含んでいるので冷えると固まる。ややゆるいと思うところで火を止め、レモン汁を加える。
3. 熱いうちに消毒したビンに詰める。

桑の実ジャム

[材料]

桑の実…1kg
素精糖…300〜350g
レモン汁…1個分

[作り方]

（ブルーベリーと同様）

ポリフェノールたっぷりで野の味が詰まった桑の実は、他のジャムとは別格。ただ、ペクチンが含まれていないので、煮込んでも固まらない。完熟の実だけでなく、熟しかけのも加えるとほどよい酸味が出る。

☺ 数日晴れが続いた日に採取すると、おいしさが凝縮した実が採れます

簡単で清々しい！
ヨーグルトのチーズケーキ

作りたてのジャムと食べるとさわやかで美味しく、夏の定番おやつ。あっさりしているので、多めに作ってもすぐなくなります。いろいろなクリームチーズで作ってみると、好みの味がわかってきます。

[材料（作りやすい量）]

クリームチーズ…250g　　粉ゼラチン…15g
（マスカルポーネもおすすめ）　水…80㎖
ヨーグルト…450㎖　　レモン汁かリンゴ酢…大さじ1
素精糖…100g　　ブルーベリージャム…適量
牛乳…300㎖

＊下準備
・クリームチーズを常温にしておく。
・粉ゼラチンを水でふやかしておく。

[作り方]

1. クリームチーズと素精糖をハンドミキサーでよく混ぜ合わせる。

2. 鍋に牛乳を入れて火にかけ、ふやかしておいたゼラチンを加えて溶かす。

3. 1に粗熱をとった2を少しずつ加え、泡立て器でゆっくり混ぜる。ヨーグルトとレモン汁を加え、混ぜる。

4. 型に流し入れ、冷蔵庫で冷やし固める。好みでブルーベリーなどのジャムを添える。

とろ～りやさしい和の味わい 豆乳プリン

ゼラチンや寒天だけでなく、葛粉の食感もデザートに加えたいですね。とろんとゆるめで豆乳のやさしさときな粉の素朴さが感じられるプリンは、乳製品は使っていません。

[材料(4人分)]
豆乳…600㎖
くず粉…30g
素精糖…大さじ2
きな粉…大さじ3
黒蜜…適量

[作り方]
1. ボウルに豆乳とくず粉を入れて混ぜながら溶かし、一度こしてから、きな粉と素精糖を加え、静かに混ぜ合わせる。
2. 鍋に移して弱火にかけ、ゆっくりかき混ぜ続けてぽってりしてきたら火を止める。
3. 器に分けて冷蔵庫で冷やし、食べるときに黒蜜をかける。

懐かしい美味しさ 杏仁豆腐

私が子どものころに大好きだったデザートですが、子どもたちもみんな好きです。果物と合わせて彩りもきれいにしてあげると、楽しみも倍増です。

[材料(4人分)]
A [牛乳…400㎖
　　水…300㎖
　　素精糖…80g
　　粉寒天…4g]
アマレットリキュール…大さじ1強
桃やみかんの缶詰など
好みのフルーツ、
ミント…各適量
仕上げ用シロップ
B [水…400㎖
　　素精糖…120g
　　レモン汁…1個分]

[作り方]
1. 鍋にAを入れ、火にかけて混ぜながら煮溶かす。沸騰直前に弱火にし、1～2分して火から離す。
2. 粗熱をとり、アマレットを加え容器に流し入れ、冷蔵庫で冷やし固める。
3. シロップを作る。鍋にBの水、素精糖を入れ、一煮立ちさせ、粗熱がとれたらレモン汁を加える。
4. 2を適当な大きさに切り、フルーツと合わせて器に入れ、3をかけ、ミントを飾る。

甘さと酸味のバランスがいい 甘夏ゼリー

甘夏以外にも文旦、はっさくなど柑橘類が多めに手に入ったら必ず作るゼリー。グレープジュースで甘さを調節し、酸っぱいのが苦手な子も喜んで食べられる味にします。

[材料(4人分)]
甘夏…2個
粉ゼラチン…8g・水…50㎖
グレープジュース…200㎖
水…100㎖
素精糖…大さじ1
レモン汁…大さじ1
ホワイトキュラソー…大さじ1
メープルシロップ、
ミント…各適量

[作り方]
1. 粉ゼラチンは水50㎖に入れてふやかしておく。
2. 甘夏の果肉、グレープジュース、レモン汁、ホワイトキュラソーをボウルに入れる。
3. 鍋に水100㎖と素精糖を入れて火にかけ、素精糖が溶けたら1を加えて煮溶かす。
4. 2の中に3を入れて混ぜ合わせ、粗熱がとれたら器に入れて冷蔵庫で冷やし固める。
5. メープルシロップをかけ、ミントを飾る。

ちょっと大人のほろ苦さ コーヒーゼリー

ちょっぴり大人になった子どもたちが喜ぶのが、コーヒーゼリー。ゼリーは甘さ控えめにし、シロップで好みの甘さにできるようにすると大人気分が味わえます。

[材料(4人分)]
インスタントコーヒーの粉
…小さじ6
素精糖…小さじ1
粉ゼラチン…10g・水…50ml
水…650ml
メープルシロップ、
生クリーム…各適量

[作り方]
1. 粉ゼラチンを水50mlに入れ、ふやかしておく。
2. 鍋に水650mlと1を入れて中火にかけ、ゼラチンを煮溶かす。
3. インスタントコーヒーと素精糖を加えて混ぜ、火を止める。
4. カップに入れ、粗熱がとれたら、冷蔵庫で冷やし固める。
5. メープルシロップと生クリームをかけていただく。

夏の手作りジュース2種

ヘルシーでさわやか しそジュース

煮出ししそに酢を加えると鮮やかなルビー色に変化し、「おおーっ!」と子どもたちも感嘆の声をあげます。たくさん作っても夏のあいだに飲み切ってしまうほど、子どもも大好き。大人の疲労回復にもなります。

[材料(4人分)]
赤しその葉…300g　水…1.8ℓ
リンゴ酢…400ml　素精糖…400g

[作り方]
1. 赤しその葉は洗ってザルにあげる。
2. 鍋に水を沸かし、1のしそを入れて中火で5分ほど煮出してからこし、素精糖を加えて煮溶かす。火を止め、りんご酢を加えると鮮やかな赤色になる。
3. 冷めたらビンに入れ、冷蔵庫で保存する。水または炭酸で好みの濃さに割って飲む。

宝石のような美しさ ふさすぐりのジュース

庭にふさすぐりの木があり、毎年たわわに実をつけます。種が大きくてジャムにはしにくいので、ジュースにします。ほどよい酸味とみずみずしさがあり、色がきれいでお客様にも喜ばれます。

[材料(4人分)]
ふさすぐり…1kg　素精糖…400g

[作り方]
1. 鍋に洗ったふさすぐりと素精糖を入れて混ぜて1時間ほどおいてから、中火で約20分煮る。
2. ボウルにザルをのせ、ザルに1を入れて果汁が自然に落ちるのを待つ。
3. ビンに入れて冷蔵庫で保存する。水または炭酸で割って飲む。

お母さんだって日曜日がほしい！

どういうわけか、学校が休みの日に限って子どもたちは早起きです。普段は何度も何度も呼ばないと起きてこないのに、日曜日の朝は「母ちゃーん、お腹すいたー。朝ご飯まだ〜？早く食べたいよー」と起こされます。せっかくの日曜日だからあと３０分は寝ていたい気持ちなのに‥‥。

犬を連れて朝の散歩に行ってくれる子はうれしいのですが、音楽をかけたり、ビデオを観たり、マンガを読んだり。そして寝ている私のベッドに来て「母ちゃん、早く起きようよー」とせがみます。「普段はお寝坊さんなのに、お休みの日はどうして早起きになるの？」って聞くと「わかんない。自然と目が覚めちゃうんだよ」なんだそうです。開放感で朝早くから自由に過ごしたいのでしょう。どうしてだかお腹もとってもすくらしい。

そこで私は考えた。休みの前日、夜のうちにテーブルの上に朝ご飯をセッティングしておくのです。大好物の納豆、ふりかけ各種、味つけのり。常備菜は小分けして盛りつけ、ランチョンマットにはお箸とマグカップもそろえておく。鍋に温めるばかりにした具だくさんのみそ汁を用意しておけばできあがりです。たまには、サンドイッチやカレーの日もあり、ヨーグルトや果物を添えます。

子どもたちも、自分たちだけの朝食も楽しむようになり、いつのまにか見よう見まねで目玉焼きを作ってくれたりして驚かされました。

これを手はじめに、そう度々ではありませんが、お昼ご飯や夕ご飯も子どもだけでという日を作りました。私は美術館やコンサート、美容院に行く時間をだんだん持てるようになりました。

私には子どもが４人いますから、４人一緒ではなく、たまに１人だけ連れてお出かけするというのもやりました。もちろん交替交替です。お互いに独占できてゆっくり話ができるし、本音が出ることもあります。忙しくて気づいてあげられなかったことや、ずいぶん成長したなあと感心させられることもありました。

家族はみんなそれぞれストレスを抱えていますから、まずお母さんが心の中にゆとりを持っていたいと思います。そして、楽しいプランを提案できればすてき。お母さんは家族の太陽なのですから。

秋のごはんとおやつ

9月も半ばを過ぎるころになると、
空がすうっと高くなり透明感が増して、雲の形が変わります。
日中は汗ばむほどなのに、朝夕はぐんと気温が下がり始めます。
稲穂が黄金色に輝き、そばの花が真っ白に咲き、
八ヶ岳の麓は実り豊かな美しい風景が広がります。
秋の食卓は自然の恵みで幸せいっぱい。
子どもたちと、近くの林にきのこ採りや栗拾いにでかけ、
きのこ汁や栗ごはん、栗のお菓子などを作ります。
つやつやの新米、脂ののったサンマや鮭、ほくほくのさつま芋。
子どもたちの食欲もますます旺盛になり
「おかわりー！」の声が飛び交います。

ポケットにもいっぱいの秋

　秋の日差しに金色に輝くススキが風に揺れ、ワレモコウに止まったトンボがふわっと浮かび、すーっと飛んでいきます。コオロギや鈴虫も鳴いて、子どもたちとのおしゃべりと同じくらいにぎやか。紅葉は気温が8度以下になると始まる葉っぱの色素の破壊だそうですが、なんて素敵な破壊なのでしょう。秋景色の中のお散歩は、子どもたちのポケットの中が色づいた葉っぱやどんぐりでいっぱいになります。家に帰ると小さな秋の展覧会。親はきのこ、子どもたちは虫やどんぐりの名前を調べるのに盛り上がります。

　10月になると、夏野菜が陣取っていたところを片づけて、収穫の場所が変わります。夏に種をまいた小松菜や春菊、かぶや大根を間引き、さっとゆがいて食べ始めます。間引き菜は、かわいくてやわらかくて、感動的なおいしさ。子どもたちにも教えてあげたくて一緒に抜いて洗い、そのまま食卓に出しました。

　10月の終りには、なんだかもう冬の足音が聞こえてきそうで、楽しい時間が終ってしまう気分になります。5時を過ぎるとストンと暗くなり、人恋しくなってきます。月がやけに白く輝き、星空がにぎやかなパーティ会場に思えたりします。これから向かう冬に備えて、家の中を順にいつもよりきれいにそうじをして明るく暖かな飾り付けをし、ひんぱんにケーキを焼き、温かな料理を作って過ごします。

　そして陽を受けた暖かな日に、父ちゃんと子どもたちで家の中に薪を運び入れ、ストーブを焚き始めます。

生地も作ると感動的おいしさに
きのこのキッシュ

パイ生地は市販の冷凍でもいいのですが、ぜひ手作りしてみて。ボウルひとつででき、おいしくて感激です。自分で作ればバターの量も調節できます。具材は季節の材料でアレンジしてください。

[材料（直径18センチのパイ皿1枚分）]

〈パイ生地A〉
薄力粉…1カップ
全粒粉…大さじ2
無塩バター…50g
水…大さじ2
塩…小さじ$\frac{1}{4}$

〈卵液B〉
卵…1個
生クリーム…100mℓ
塩、こしょう…各適量

〈具材〉
きのこ…200g
（しいたけ、しめじ、まいたけ、ブラウンマッシュルームなど）
玉ねぎ…$\frac{1}{2}$個
オリーブ油…大さじ2
塩、こしょう…各適量

ナチュラルチーズ…50g
おろしたパルメザンチーズ…30g
パセリ（みじん切り）…適量

[作り方]

パイ生地を作る

1. Aの粉類をふるってボウルに入れ、1cm角に切ったバターも入れ、両手でバターを細かくしながら粉と合わせ、水を加えて混ぜ、なじませる。
2. 生地を手の平で押して折りたたむことを数回くり返し、丸くまとめてラップに包んで30分おく。
3. 台に打ち粉をし、生地をのせ、上からラップをかぶせ、綿棒で生地を伸ばして型よりも周囲2センチ大きな円形にする。
4. 型に生地を敷きこみ、底全体にフォークで穴をあける。
5. 上から大きめの円形に切ったクッキングシートを乗せ、重しを乗せて200℃で20分焼く。重石とシートをはずし、さらに5分焼く。

☺ 古い豆を重しに使います。

具を作る

6. きのこは食べやすい大きさに切る。玉ねぎは薄くスライスしてオリーブ油で炒め、透明になったらきのこを加え、軽く塩・こしょうをする。
7. 5のパイ生地に、6の具材を広げ、混ぜ合わせたBの卵液を回しかけ、上から2種のチーズを全体に散らし、180℃のオーブンで20分、200℃に上げて10分焼く。みじん切りのパセリを飾る。

☺ 生地は倍の量で作り、1枚は空焼きして冷凍保存し、「主婦の貯金」に。

風邪予防のカロチンたっぷり！
にんじんとかぼちゃのスープ

にんじんとかぼちゃを合わせることでくせがなくなり、かぼちゃやにんじんが嫌いな子どもにもおすすめです。豆乳のかわりに牛乳でもおいしいですよ。

[材料(4人分)]

かぼちゃ…1/2個(約400g)　オリーブ油…大さじ3
にんじん…1本　　　　　　白ワイン…1/2カップ
にんにく…1片　　　　　　豆乳…1〜2カップ
セロリ…1/2本　　　　　　ローリエ…1枚
玉ねぎ…1個　　　　　　　塩、こしょう、パセリの
　　　　　　　　　　　　　みじん切り…各適量

[作り方]

1. かぼちゃは種をとって大まかに皮をむき、にんじんは皮のままそれぞれスライスする。セロリと玉ねぎはうす切り、にんにくはみじん切りにする。

2. 厚手の鍋にオリーブ油大さじ2とにんにく、玉ねぎ、セロリを入れて中火で炒める。にんじんを加え、やわらかくなったらかぼちゃを加え、オリーブ油をさらに大さじ1加えて炒める。

3. 白ワイン、ひたひたの水、ローリエを加え、ふたをして中火でやわらかくなるまで煮る。ローリエを取り出す。

4. 粗熱がとれたらブレンダーにかけ、鍋に戻して弱火にかけ、豆乳を加えて好みの濃さにし、塩・こしょうで味を調え、沸く直前に火を止める。器に入れ、パセリのみじん切りを飾る。

簡単だけど、ごちそう！
ほうれん草ときのこのソテー

我が家の回りではいろんなきのこが出るので、家族できのこ採りをするのが秋の楽しみ。たくさん採れたきのこは、天日に干したりそのまま冷凍保存したり。炊き込みご飯や豚汁に入れて楽しみます。

[材料(4人分)]

ほうれん草…1〜2束
きのこ…200g
(しいたけ、しめじ、エリンギ、えのき、くりたけ、舞たけなど)
玉ねぎ…1/2個
にんにく…1片
オリーブ油・塩、こしょう…各適量

[作り方]

1. ほうれん草は一株ずつさっとゆでて冷水に放ち、絞って5cmに切り、オリーブ油を回しかけなじませる。

2. にんにくはみじん切り、玉ねぎはうす切り、きのこは食べやすい大きさに切る。

3. オリーブ油でにんにくを炒め、香りがしたら玉ねぎを加えて炒め、透明になったらきのこを加えてさらに炒め、塩、こしょうで味を調える。

4. 皿に1を広げ、3を上から乗せる。好みでトリュフオイルやチーズをかける。

😊 青菜をゆでるときは湯の温度を下げないのがコツ。たっぷりの湯で1株ずつ泳がせるようにします。

😊 オリーブ油をごま油に替え、きのこをオイスターソース大さじ1〜2を加えて炒め、片栗粉でとろみをつけると中華風に。

パリパリでジューシー
ユーリンチー

子どもたちは唐揚げが大好きですが、それ以上に好評なのがこのユーリンチー。甘酸っぱいソースと野菜のシャキシャキ感がいいみたい。ポイントは鶏肉をパリパリに揚げること。

[材料(4人分)]

鶏もも肉…500〜600g
A [塩…小さじ$\frac{1}{2}$
　　酒、しょうゆ…各大さじ1
　　にんにくすりおろし…1片分
　　しょうがすりおろし…1かけ分]
片栗粉…大さじ3
B [しょうゆ…大さじ2
　　素精糖…大さじ1
　　酢…大さじ2
　　水…大さじ1
　　ごま油…大さじ1]
ピーマン…1個
パプリカ赤・黄…各1個
ねぎみじん切り…大さじ2
揚げ油、レタス…各適量

[作り方]

1. 鶏もも肉は一口サイズに切り、水気をふき取り、Aで下味をつけておく。
2. Bを合わせてソースを作り、その中にみじん切りにしたピーマン、パプリカ、ねぎを入れて混ぜ合わせる。
3. 1に片栗粉をまぶし、170℃の揚げ油で時々裏返しながらからっと揚げる。
4. 器にちぎったレタスをたっぷり敷き、3をのせ、熱いうちに2をかける。

多めに作って毎日食べたい カリフラワーのピクルス

生のカリフラワーのおいしさを知ったのは、畑で作るようになってから。洋風ピクルスにしたり中華風甘酢漬けにしたり。カリフラワーが採れる間はいつも常備しています。

[材料(4人分)]

カリフラワー…1株
玉ねぎ…大1個
塩…小さじ1
A [りんご酢、水、はちみつ…各$\frac{1}{2}$カップ
　　ローリエ…1枚]

[作り方]

1. カリフラワーは小房に分け、茎は5mmの厚さにスライスする。玉ねぎは3cm角に切る。ボウルに入れ、塩を振ってしばらくおく。
2. 小鍋にAを入れてひと煮立ちさせ、完全に冷ます。
3. 1の水気を切り、2を合わせてときどき混ぜながら半日おく。

☺ アンチョビとオリーブ油を加えたらイタリアン風になります。

たっぷりのネギが決め手 焼きビーフン

肌寒さを感じるようになると、食べたくなるのがこの焼きビーフン。とてもシンプルですが冷めてもおいしく、わが家の男子たちに大好評。おすすめの1品です。

[材料（4人分）]
ビーフン（乾燥）…300g
ねぎ…3本
しょうが…大2かけ
きくらげ（乾燥）…10g
ごま油…大さじ4
オイスターソース…50㎖
塩、こしょう…各適量

[作り方]
1. きくらげは水に30分浸けて戻し、石づきを取って細く切る。ネギは長さ5㎝の細切り、しょうがはみじん切りにする。
2. ビーフンは熱湯で4分ゆでてざるに取り、冷水で洗い、水気をきってごま油（分量外）をかけて全体になじませる。
3. フライパンにごま油としょうがを入れ、中火にかける。香りが出たらねぎときくらげを加えて炒め、2も加えてほぐすように炒め、塩・こしょうする。
4. 弱火にして、オイスターソースを入れて和えるように混ぜて火を止め、ごま油（分量外）を回しかける。

魚を食べやすく、食べよう！ アジの南蛮漬け

魚を好んで食べるようになるまでは、子どもが食べやすいように考えました。スライスした玉ねぎを早めに甘酢につけることで、玉ねぎの苦味が消え、すりおろしたりんごを加えることで酸味がまろやかになります。

[材料（4人分）]
アジ（中型）…6尾
玉ねぎ…1個
パプリカ…½個
りんご…½個
塩、こしょう、強力粉、揚げ油…各適量

A
りんご酢…150㎖
だし（水でもよい）…150㎖
はちみつ…大さじ2
薄口しょうゆ…小さじ1
唐辛子…½本

[作り方]
1. アジはウロコとゼイゴを取り、三枚におろして小骨を抜き、軽く塩をする。玉ねぎ、パプリカはうすくスライスする。
2. Aの唐辛子は種を取って2～3つにちぎり、ほかの材料も合わせて甘酢を作る。玉ねぎの半量を入れ、りんごをすりおろして混ぜる。
3. 1のアジに強力粉をまぶし、170℃に熱した油でからりと揚げ、熱いうちに2に漬けていく。残りの玉ねぎとパプリカを乗せ、しばらく味をなじませる。

子どもと一緒におにぎりを握ろう

　新米が出始めたら、ツヤツヤピカピカのご飯を炊いて、子どもたちと一緒におにぎりを握ります。

　食べるための準備や作業を家族みんなでするのは楽しいもの。父ちゃんはかまどでご飯を炊き、炭火でサンマを焼き、私はきのこたっぷりの豚汁とおにぎりの具をあれこれ用意して、秋空の下、おにぎりデーを楽しみます。おにぎりを握るのって意外と難しいということを知るのもいいし、握り方や具の入れ方にそれぞれの子どもの個性が見えるのもおもしろいものです。

　落ち込んだときに差し出されるおにぎりは、無言の共感や励ましになる素敵な食べ物。友だちやガールフレンドが元気ナシのとき、おにぎりを握ってあげられる人になったら素敵ですね。

きなこをまぶす
とうもろこし入りとちりめん山椒入りの焼きおにぎり
ソーセージ

ソーセージ
ソーセージはうすく切って弱火でゆっくり炒める。ご飯に混ぜて握ると、どこを食べてもソーセージが口に入る幸せ。四男のアイデア。

梅たたき
大葉とみょうがはみじん切りにし、はちみつ梅干しはたたき、炒りごまと和える。

ちりめん山椒
我が家の常備菜（93ページ参照）

焼きたらこ
たらこを魚焼きグリルで焼き、一口大に切る。

おにぎりの具

切り干し大根の韓国風ハリハリ漬
切り干し大根のハリハリ漬（54ページ参照）の半分の量に、コチジャン大さじ1、白ねぎのみじん切り大さじ1、はちみつ小さじ1、ごま油小さじ2、松の実適量をプラスする。

おかかの佃煮
だしじょうゆ（93ページ）を作ったあとの削り節に酢大さじ1、素精糖小さじ1を加えて炒る。

牛肉のしぐれ煮
鍋に、酒60㎖、しょうゆ50㎖、みりん30㎖、素精糖大さじ2を入れ、千切りにしたしょうが30g、牛うす切り肉250gを入れて中火にかけ、牛肉に火が通ったらいったん取り出し、冷凍しておいたささがきごぼう100gを加え、煮詰める。鍋底があわだってきたら牛肉を戻し、汁がなくなるまでからめる。
☺ ささがきごぼうは、冷凍しておくと繊維質が壊れて早く火が通り、牛肉となじみやすくなります。

焼き鮭
うす塩の鮭を魚焼きグリルで焼き、骨を取り、食べやすい大きさにほぐす。

梅酢をかけて握ると傷みにくい。

おにぎりのおとも

子どもたちが作るおにぎりがメインですから、おかずはおにぎりを引き立ててくれる箸休め的な総菜を用意します。常備菜が冷蔵庫にいくつかあると、あとは温かいお汁と旬のサンマの塩焼きがあれば、まさに秋を楽しむ食卓です。

こんにゃくの甘辛煮

ねじり糸こんにゃく1袋は下ゆでして2cmに切り、鍋でカラ炒りする。ごま油を入れて炒め、だし1カップ、みりん大さじ2、酒大さじ2、しょうゆ大さじ3、素精糖大さじ3を加えて弱火で汁がなくなるまで煮る。

ほうれん草の韓国風麻の実和え

ほうれん草1束は熱湯で1株ずつさっとゆでて冷水にとり、絞って3cmほどに切る。しょうゆ大さじ1、素精糖小さじ1、ごま油小さじ2を合わせたものをかけ、ちぎった韓国のりと麻の実も加えて和える。

根菜の炒り煮

我が家の常備菜（93ページ参照）

豚汁

きのこ（くりたけ、じごぼう、まいたけなど）、ごぼう$\frac{1}{2}$本、にんじん$\frac{1}{2}$本、大根10cm、里いも4個、しょうが1かけ、糸こんにゃく1袋、豚うす切り肉200g、木綿豆腐$\frac{1}{2}$丁、長ネギ 本、だし8カップ、味噌適量

①きのこは手で裂く。ごぼうはささがきにし、にんじん、大根、里いもは好みの輪切り、しょうがは千切りにする。糸こんにゃくは下ゆでし3cm長さに切る。豚うす切り肉、木綿豆腐は食べやすい大きさに切り、長ネギは小口切りにする。

②厚手の鍋に野菜、こんにゃく、しょうが、だしを入れ、中火でアクを取りながら煮る。野菜がやわらかくなったら、きのこと豚肉を加える。

③沸いたら豆腐を入れて弱火にし、味噌を入れて一煮立ちさせ、ネギを加える。

だし巻卵

①卵3個または4個を割りほぐし、だし50ml、みりん小さじ1、素精糖小さじ1、薄口しょうゆ小さじ$\frac{1}{2}$、サラダ油小さじ1を混ぜて、一度こす。

②卵焼き器を熱して油をぬって弱火にし、1の$\frac{1}{4}$を入れて広げ、菜箸で気泡をつぶし、卵の縁が乾いたら焼き目がつく前に木べらで手前に3つ折りにする。

③空いたところに油をぬり2を向こう側に移し、1の$\frac{1}{3}$を入れる。2を浮かし、下にも卵液がいくようにし、縁が乾いたらまた手前に3つ折りにする。これをくり返す。

＊調味料にサラダ油を少し入れると作りやすくなります。また、みりんを入れると焼き色がつきやすいので弱火でていねいに。

簡単漬け物3種

切り干し大根のハリハリ漬

切り干し大根70gは洗って絞る。刻み昆布10g、唐辛子$\frac{1}{2}$本、薄口しょうゆ、酢各50ml、素精糖大さじ1、水$\frac{1}{2}$カップを加えて混ぜる。ときどき上下をひっくり返して半日以上漬ける。

かぶ、きゅうり、にんじんの塩麹

かぶ2個、にんじん10cmは、3mm幅のいちょう切り、きゅうり1本はところどころ皮をむいて3mm幅の輪切りにする。塩麹大さじ1をもみこみ20分ほどおき、さっと洗って水気を絞る。

たくあんとべったら漬けの糸かつお和え

たくあんとべったら漬けをたて半分に切ってうすくスライスする。糸かつおと白炒りごまを加えて和える。べったら漬けの甘みで箸が進む一品。

父親の出番もあるといい

　秋、脂の乗ったサンマが安く出回るようになるとテラスでサンマを焼きます。始めは家族全員のサンマを台所で焼いていたのですが、脂と煙で大変なことになるのでテラスにバーベキューセットを出して焼いたら、炭で焼くおいしさにすっかり感動。友人に頼んでレンガを積んだサンマ用の炉を作ってしまいました。こうして、秋のサンマの塩焼きはわが家の一大イベントになりました。

　外で焼くとなると父ちゃんの出番。子どもたちも積極的に参加します。火を焚いて炭をおこす者、サンマに塩をする者、塩を落して金串を刺す者、大根をおろす者‥‥。ときにはかまどを組み立てて薪でご飯を炊きます。水加減は母ちゃん、火加減は父ちゃん。子どもたちにはまだ手が出せません。いつもなら私が「ご飯、できたよ〜っ」ですが、この日は子どもたちが「母ちゃーん、サンマ焼けたよー！」。父ちゃんに対抗して2匹食べる子、ワタが好きな子、骨まで食べてしまう子。ほんとうに楽しくておいしいご飯です。

　五月になると、車に天ぷらの道具とかまどを積んで山菜を採りに山に行きます。目的地に着いたら、父ちゃんと息子たちはつかず離れずの距離を保ちながら黙々と探し、採ります。息子たちは父ちゃんに静かな闘志を燃やし、少しでも多く採ろうと真剣です。その様子は、もしかしてわが家のルーツは狩猟採集民族かもしれないと思ってしまうほど。そして、採った山菜をその場で天ぷらにします。ふきのとう、たらの芽、こしあぶら、うど、よもぎ、たんぽぽの花も揚げ、みんなで競って食べます。ご飯はうこぎの新芽などをさっとゆでて混ぜた菜飯です。

　楽しいことばかりではありません。テラスでも野外での食事となると、火をおこすところから食後のかまど、食器の片づけまで全部自分たちでやらなければなりません。そしてどの仕事にも、覚えなくてはならない技術やコツがあります。子どもたちは失敗して、父ちゃんに叱られたり励まされたりしながらひとつひとつ覚えていきました。

　父ちゃんと息子たちの最大の力仕事は薪作りです。冬が終ると春のうちに、次の冬の準備をします。丸太を切って割って、運んで積む。どの段階も危険がいっぱいなうえにかなりの力と技術が必要です。子どもたちが小さかったころは、ほんとうに歯がゆい思いで見ていましたが、いつの間にか背丈も力も父ちゃんを追い越しました。昨年できなかったことが今年はできる。子どもたちは父ちゃんとの仕事を通して男としての自信を深めてきたようです。

大好きの定番 マカロニグラタン

ホワイトソースは"奇跡のソース"。牛乳とバターと小麦粉がクリーミーなソースに変身するのですから。子どもたち全員に作って見せ、料理の驚異を伝えました。グラタンはよく誕生会にリクエストされました。1人ひとつココットに入れ、お皿に乗せて出すとちょっとおすましした気分になります。

[材料(4人分)]
ホワイトソース
- 薄力粉…40g
- オリーブ油…大さじ2
- バター…30g
- 牛乳…800㎖
- ローリエ…1枚
- 塩…小さじ1
- こしょう…少々

マカロニ…250g
鶏肉…200g
玉ねぎ…2個
マッシュルーム…1パック
オリーブ油…大さじ2
生クリーム…50㎖
塩、こしょう、粉チーズ、パン粉、バター…各適量

マカロニは流水でしめます

[作り方]
1. ホワイトソースを作る。粉はふるい、牛乳は常温にしておく。
2. 厚手の鍋にオリーブ油、バターを入れて弱火にかけ、バターが溶けたら薄力粉を入れ、木べらでゆっくり混ぜる。団子になってもあわてない。
3. ローリエを入れ、牛乳を少しずつ加えながら泡立て器で混ぜながら煮る。とろりとしたら火を止め、ローリエを出し、塩で味を調える。
4. 具を作る。鶏肉は小さめの一口サイズに切り、玉ねぎ、マッシュルームはうす切りにする。
5. フライパンにオリーブ油(分量外)を入れ、中火で玉ねぎとマッシュルームを炒める。鶏肉も加えて炒め、塩、こしょうで味を調える。
6. マカロニは、塩を入れた熱湯でゆで、ざるにあげて流水をかけてしめ、少量のオリーブ油(分量外)をからめる。
7. 3に5と6と生クリームを加えて混ぜ、オリーブ油を塗ったココットに分けて入れる。上から粉チーズ、パン粉、小さく切ったバターを乗せ、200℃のオーブンで15〜20分焼く。

😊 ホワイトソースは倍で作って、『主婦の貯金』に。

かぼちゃ嫌いもこれなら大好き! かぼちゃのグラタン

なめらかでトロッとしていて、かぼちゃ嫌いの子もこれならよく食べてくれました。大きな耐熱容器でまとめて作るときは、最後に温度を上げると表面がカリッとします。

[材料(4人分)]
- 玉ねぎ…1個
- 貝がらのパスタ…250g
- ハム…70g
- かぼちゃペースト…400g
  (かぼちゃを蒸してマッシュしたもの)
- ホワイトソース
  (上記と同様。ただし、牛乳は600㎖)
- オリーブ油、とろけるチーズ、粉チーズ…各適量

[作り方]
1. 厚手の鍋でホワイトソースを作る。かぼちゃのペーストを加えて混ぜ合わせ、とろみを調節する。
2. 玉ねぎはうすくスライスしてオリーブ油で炒め、ハムは5ミリ角に切る。マカロニをゆで、流水でしめてオリーブ油をかける。
3. 1に2を混ぜ合わせ、耐熱容器に入れてとろけるチーズ、粉チーズを全体にかけてオーブンに入れ、180℃で20分、200℃で5分焼く。

😊 かぼちゃ1個を使ってペーストを作り、小分けして冷凍しておくと便利です。

ビールでこくをアップ
ハヤシライス

ハヤシライスって市販のルーを使わなくても、意外と簡単にできます。おいしさの秘訣は、玉ねぎをていねいに炒めることとビールを加えること。父ちゃんも喜ぶ本格派になります。

[材料(4人分)]

牛うす切り肉…200〜300g
玉ねぎ…大3個
ブラウンマッシュルーム…1パック
ビール…1カップ
トマトピューレ…1/2カップ
デミグラスソース…1缶
オリーブ油…大さじ3
トマトケチャップ…大さじ2
塩、こしょう…各適量
ご飯…4膳分
A [パセリのみじん切り…大さじ2
　　バター…10g]

[作り方]

1. 玉ねぎ、マッシュルームはうす切り、牛肉は4〜5cmの長さに切る。
2. 厚手の鍋にオリーブ油と玉ねぎを入れて、中火で透明になるまでふたをしながら炒め、ふたをあけてきつね色に炒める。
3. デミグラスソース、トマトピューレを加え、弱火にし、とろみが出るまで煮る。
4. フライパンにオリーブ油(分量外)と牛肉とマッシュルームを炒め、ビールを加えて2〜3分煮る。
5. 3に4を加えて混ぜ、ケチャップで味を調節する。
6. ご飯にAを加えて混ぜ合わせて皿に盛り、5のソースをかける。

うさぎさん気分でたっぷり食べよう
にんじんサラダ

にんじんを先にオイルにからめてコーティングすることで、シャキシャキ感が保てます。レーズンの甘みとアーモンドの香ばしさがプラスされ、このサラダを食べるとにんじん好きになるみたい。

[材料(4人分)]

にんじん…2本
オリーブ油…大さじ3
りんご酢…大さじ2
レーズン…大さじ2
アーモンドスライス…1/2カップ
塩、こしょう、パセリのみじん切り
…各適量

[作り方]

1. レーズンは細かく切り、にんじんは洗ってピーラーでスライスする。
2. アーモンドスライスはオーブントースターで軽くローストする。
3. 1にオリーブ油をからめてから、りんご酢を混ぜ、レーズン、アーモンドを加え、塩、こしょうで味を調え、パセリを飾る。

飽きないおいしさ さつまいもサラダ

ピーマンの食感がアクセント。カニかまぼこの替わりにスライスしたちくわでもおいしい。何気ないこんなサラダが子どもたちは大好きなんです。

[材料(4人分)]
さつまいも…1本
玉ねぎ…1/2個
ピーマン…5個
カニかまぼこ…2本
りんご酢…小さじ1強
マヨネーズ…大さじ2
塩、こしょう…各適量

[作り方]
1. マヨネーズを常温にしておく。
2. さつまいもは皮をむいて小さめの一口大に切り、塩をひとつまみふって蒸す。柔らかくなったらボウルに移し、りんご酢をかける。
3. 玉ねぎ、ピーマンはみじん切りにし、カニかまぼこは割いて2センチほどに切る。
4. 2が冷めたら3を合わせ、マヨネーズで和えて、塩、こしょうで味を調える。

圧力鍋で一度に煮て 栄養満点の大豆2種

1. 大豆2カップは一晩水に浸けて戻しておく。
2. 圧力鍋に大豆を入れ、かぶるくらいの水を加えて火にかけ、沸いてきたらふたをする。
3. ピンが上がったら弱火にして5分加熱し、火を止めて自然放置する。
4. 半分ずつに分けて2種類作る。

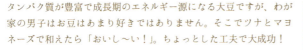

タンパク質が豊富で成長期のエネルギー源になる大豆ですが、わが家の男子はお豆はあまり好きではありません。そこでツナとマヨネーズで和えたら「おいし〜い！」。ちょっとした工夫で大成功！

[材料(4人分)]
大豆1カップ分の水煮
紫玉ねぎ…1/2個
ツナ缶…1缶
マヨネーズ…大さじ2
オリーブ油…大さじ1
りんご酢…大さじ1
塩、こしょう…各適量

[作り方]
1. 大豆にりんご酢を混ぜる。紫玉ねぎは粗みじんに切り、塩少々ふる。
2. 1の大豆、水分を絞った紫玉ねぎ、油分を切ったツナ缶を入れてオリーブ油を加え、全体に混ぜ合わせてからマヨネーズと塩、こしょうを加えて味を調える。

こっくりと甘い大豆の煮物は、箸休めに人気の一品です。甘さはお好みで調節しますが、黒砂糖と素精糖は半々に。最後に隠し味で黒酢を加えます。

[材料(4人分)]
大豆1カップ分の水煮
しょうがのみじん切り…大さじ1
黒酢…大さじ2
黒砂糖…30〜50g
素精糖…30〜50g

[作り方]
1. 鍋に大豆とかぶるくらいの水、しょうがのみじん切り、黒砂糖、素精糖を入れ、落としぶたをして弱火で煮る。
2. 大豆がいい色になってきたら、黒酢を加えて全体を混ぜ、ふたをしないで弱火で5分ほど煮る。

> おやつですよー！

清々しい香りと味
オレンジとくるみのパウンドケーキ

卵白と卵黄を別立てで泡立てた方が、失敗がなくふんわりしたパウンドケーキができます。中に入れるものは、果物、ナッツ、野菜など何でもOK。何が入っているか匂いで当てっこをしたものです。

[材料（25×8×高さ6cmのパウンド型1台分）]

- 卵（L）…3個
- 素精糖…30g
- 無塩バター…100g
- A
  - 薄力粉…150g
  - アーモンドパウダー…30g
  - （ない場合は薄力粉180gでもよい）
  - ベーキングパウダー…小さじ1
- 夏みかんの皮の甘煮…1/2カップ（マーマレードでもよい）
- くるみ…1/2カップ
- 生クリーム…60㎖

下準備
① 卵は卵白と卵黄に分けておく。
② バターは常温に戻し、やわらかくしておく。
③ くるみはオーブントースターで軽くローストしておく。
④ Aの粉類を合わせてふるっておく。
⑤ 型にバターを塗り、強力粉をふっておく。
⑥ オーブンを180℃に温めておく。

[作り方]

1. 卵白をハンドミキサーでしっかり泡立て、素精糖を半分加えてさらに泡立て、角の立ったメレンゲを作る。
2. 別のボウルにバターを入れてハンドミキサーで空気を入れるようにして混ぜ、残りの素精糖を加えて混ぜ、さらに卵黄を加えて白くもったりするまで混ぜる。
3. 2に1のメレンゲの1/3、粉類も加え、ゴムべらで混ぜる。
4. 夏みかんの皮の甘煮、くるみも加えて混ぜ、生クリーム、残りのメレンゲも入れて混ぜ合わせる。
5. 型に流し入れ、180℃のオーブンで45分焼く。

1.

2.

4.

☺ ベーキングパウダーは、アルミニウム（ミョウバン）の入ってない安全なアルミフリーのものを使いましょう。

いっしょに作るともっとおいしい
チョコチップの ココナッツクッキー2種

サクサクの 粉入りチョコチップクッキー

[材料(約40個分)]

A ┌ 薄力粉…100g
  │ ふすま…10g
  └ ベーキングパウダー…小さじ$\frac{1}{2}$

無塩バター…45g
素精糖…60g
卵(L)…1個
ココナッツロング…60g
チョコチップ…60g

下準備
①バターは室温におき、やわらかくしておく。
②Aの粉類を合わせてふるっておく。
③オーブンを175℃に温めておく。

[作り方]

1. ボウルにバターを入れ、ハンドミキサーで空気を入れるように混ぜ、素精糖を加えてすり合わせ、卵を入れて混ぜる。
2. 粉を加えてゴムべらでざっくりと混ぜ、ココナッツ、チョコチップを入れて混ぜる。
3. 天板にクッキングシートを敷き、2をスプーンですくって置いていく。
4. 上からラップをかぶせ、コップなどの底で軽くつぶす。
5. ラップをはずし、175℃のオーブンに入れて15～20分焼く。

香ばしさが広がる 粉なしチョコチップクッキー

[材料(約40個分)]

無塩バター…30g
卵(L)…1個
素精糖…60g
ココナッツロング…130g
チョコチップ…50g

下準備
①バターは湯せんで溶かしておく。
②オーブンを175℃に温めておく。

[作り方]

1. ボウルに卵を割りほぐし、素精糖を加え、ハンドミキサーで白くもったりするまで混ぜ合わせる。
2. 溶かしバターを少しずつ加え、ゴムべらでよく混ぜる。ココナッツ、チョコチップを加えてざっくりと混ぜ合わせ、しばらくおいて全体を落ち着かせる。
3. 天板にクッキングシートを敷き、スプーンで一口サイズずつ並べ、175℃のオーブンで20分焼く。湿度が高い日は5分長めに焼く。焼き終わったらオーブンを開けて冷めるまで置く。

ふんわりやさしい甘さ
バナナとアールグレイのシフォンケーキ

香りのいいアールグレイにバナナの甘さをプラスしたものが子どもたちは大好きでした。メレンゲをしっかり作ることがふわふわシフォンにするコツです。

[材料(直径19cmのシフォン型1台分)]

卵白…L6個分
卵黄…L4個分
アールグレイの茶葉…8g
バナナ…1本
素精糖…80g
薄力粉…140g
ベーキングパウダー…小さじ1
水…25ml
サラダ油…60ml

下準備
①アールグレイの茶葉をすり鉢で細かくすっておく。
②バナナをフォークでつぶしておく。
③卵白と卵黄を分けておく。
④薄力粉とベーキングパウダーを合わせておく。
⑤オーブンを175℃に温めておく。

☺ 全卵5個でも、高さが少し下がるだけで同じように焼けます。

[作り方]

1. 卵白をハンドミキサーで泡立て、素精糖の$\frac{1}{3}$を加え、角がしっかり立つまで泡立てる。

2. 別のボウルに卵黄と残りの素精糖を入れ、白っぽくなるまで泡立てる。

3. 2につぶしたバナナ、水、サラダ油を加え、ゴムべらで混ぜる。1のメレンゲを$\frac{1}{3}$入れて混ぜ、粉類をふるいにかけながら混ぜ、アールグレイと残りのメレンゲを加えて混ぜる。

4. 3を型に入れ、台にトントンと数回打ちつけるようにして空気を抜き、175℃のオーブンで45分焼く。焼き上がったら冷めるまで逆さにしておく。

素朴で懐かしい味わい 黒糖わらび餅

わらび粉がだんだん透明になってお餅のようになっていくのを見るのは、不思議なものです。子どもたちが見ているところで作ると、インパクトもバッチリ！不純物なしの素朴なおいしさも味わわせてあげたい。

[材料(13.5×17.5cmのバット1つ分)]

わらび粉…100g　　黒砂糖…80g
ぬるま湯…350ml　　きなこ、黒蜜…各適量

[作り方]

1. ボウルにわらび粉とぬるま湯を入れて溶かすように混ぜてしばらくおく。その間にバットにきなこを広げておく。

2. 1をこしながら鍋に移し、黒砂糖を加えてしっかり混ぜ合わせ、中火にかけて木べらでゆっくり混ぜ続けると、透明になってまとまってくる。

3. 鍋の側面や底についているのを取りながらひとつにまとめ、きなこの上に移す。

4. 平らにして全体にきなこをまぶす。粗熱がとれたら一口大に切り分ける。切り口にもきなこをまぶし、食べるときに黒蜜をかける。

子どもも家事に参加する

子育て中は、やらなきゃならないことが毎日山積み。お母さんひとりでいくら頑張っても思うようにいかない日が多々あります。わが家では、父ちゃんが舞台の仕事で長期不在になることをきっかけに話し合いました。そして、子どもたちも役割分担や当番を決めて家事に参加してもらい、毎日の暮らしがよりよくスムーズにいくように協力し合うことにしました。お風呂場や玄関のそうじ、食器洗いと食器ふき、洗濯物をたたむ、等々。

はじめは母ちゃんのお手伝いですが、慣れてくると始めから終いまで責任を持ってやってもらいます。お手伝いのままだと嫌々だったり面倒だったりするけれども、完全に任せて最後までやってもらうと態度も内容も大きく違ってきます。お兄ちゃんが弟のやり方に注意したり教えてあげたり、それぞれの子どもに主体性が出てきて、家の中をアレコレ観察するようになります。食器棚の中の並べ方に対して「母ちゃん、これここにある

とじゃまだから違うところにして」とか「いつも使うものは、取り出しやすいこの棚にしてよ」など、自分のやりやすいように工夫するようになるのです。やり方や意見に子どもそれぞれの年齢や性格の違いが見られるのもおもしろいものです。おかげで、子どもと目と目を合わせて真剣に話し合う機会が増えました。それまでは一方的に叱る・叱られるの関係だったのが、意見を交換するようになりました。トイレやお風呂のそうじを、お兄ちゃんが「終ったよー」って大声で言うと、ちんまい方の弟がお風呂場に走って見に行きます。どう終ったかを確かめるためです。お風呂のお湯をためる当番の子がタイマーを持ち歩いているのは、微笑ましいものでした。

困ったこともありました。食器の欠けたり割れたりがどうしても増えてしまいました。でも、それも扱いが上手になるに従って少なくなっていきました。洗濯物は上手にたためるようになっても、よく仕舞い間違えました。色や模様で区別していましたが、意識的に間違える子もいて、よくもめました。そこで、下着やソックスにも頭文字を書くようになりました。

私がやった方が早いこともたくさんありました。でも今振り返ると、家事に関心を持ち、家事を当たり前のこととしてできるようになったのは、よかったと思います。今は男性も家事や育児に参加する時代ですものね。

冬のごはんとおやつ

キッチンストーブの上のやかんの湯が沸く。
シュンシュンと音を立てて沸く。なんて幸せなんだろう！
この幸福感をしみじみと味わうのが、長い冬の喜びのひとつです。
冬のあいだ、キッチンストーブは大活躍です。
わずかな薪で部屋を暖めるだけでなく、
大きな鍋を朝からのっけておけば
夜にはおいしいポトフやシチューなどができあがっています。
薪の火で調理するとどうしてこんなに味が違うのでしょう。
野菜の味がにじみ出ておいしくなっています。

厳しい寒さ、そして‥‥

　１２月は心も体もとっても単純！太陽が出て晴れた日は暖かくて元気になり、太陽が隠れて日がささないと、何だか寒々しくて元気ナシになります。でも、家の中はストーブを焚き始めたら暖かです。

　霜が降りるころになると、マイナスの気温にも驚かなくなります。朝、恐る恐るカーテンを開けると、外はまるで魔法にかかったように静止したままの凍てついた世界。ゆるゆると東の空から太陽が昇ってきて、光が辺り一面に広がると、突然魔法がとけ、地面の無数のでこぼこにある氷の結晶がダイヤモンドのように輝き出します。私は大急ぎでザルを持ってダイヤモンドを拾いに行きたくなります。それは、子どもたちが起きてくる前のわずかな時間。目覚まし時計がなり出すときには、キッチンストーブの網の上にどんどん玄米餅を並べはじめ、忙しい朝が始まります。

　冬の畑は凍えあがってしまうから雪が降る前に、秋に植えた玉ねぎとにんにくが枯れてしまわないように、土の中にしっかり戻し、くん炭をまわりにまいてあげます。大根やにんじんやねぎは、肥料袋に入れて根が隠れるくらいまで土を入れます。白菜やキャベツは新聞紙で包み、じゃがいもや玉ねぎは段ボール箱に入れます。それらをみんな凍らない地下室に保存し、春先まで食べていきます。

　１月に入ると、一晩で家のまわりが真っ白な雪景色に変わることがあります。そんな朝の景色は、子どもたちを驚かせ、歓声を上げさせます。テラスから雪の中に飛び込んで遊びます。家のまわりにはソリ遊びに適した場所がいくらでもありますから、大はしゃぎです。

　２月もそろそろ終わりに近づくころ、遠くの低い空に春雷がおこります。「まだだ！」「いや、こちらの出番だ！」と冬と春がせめぎ合っているように鳴り響きます。こんな夜は、春を思いながら、すっぱくて熱いレモネードをふーふー言いながら皆で飲みます。

炊飯器で炊く 中華風おこわ

もち米を炒めたら、具材と一緒に炊飯器に入れて炊くだけでおこわができます。焼豚の代わりにしょうゆと酒につけた豚こま肉でもOK。冷めてもおいしく、子どもたちはおやつにも食べていました。

[材料(4人分)]
もち米…3合
A [薄口しょうゆ…小さじ2
    紹興酒…大さじ1]
焼豚…100g
干ししいたけの甘煮…3枚
（38ページ参照）
にんにく…1かけ
しょうが…1片
長ねぎ…1/2本
ごま油…大さじ1
高菜漬…100g

[作り方]
1. もち米は洗ってザルに上げ、30分おく。
2. 焼豚、干ししいたけの甘煮は7～8mmの四角に切る。
3. にんにく、しょうが、ねぎはみじん切りにし、フライパンに入れてごま油で炒め、香りが出たら2も加え、さっと炒める。
4. 炊飯器に1とAの調味料を入れ、目盛りまで水を入れる。3も加えて、全体を混ぜてから炊く。
5. 高菜漬を細かく刻み、炊きあがった4に加えて混ぜる。

巾着入りお楽しみおでん
どれにしようかな～

おでんの鍋を囲む夕食はにぎやかでおしゃべりも弾むのはどうしてでしょう。巾着の中味は子どもたちのリクエストを聞いて何種類か作ると楽しみが倍増です。

[材料(4人分)]

巾着
油揚げ…4枚
A [豚ひき肉…150g
    絹豆腐…1/4丁
    ねぎ、しょうが、しいたけの
    みじん切り…各小さじ1]
餅…2個
生卵…2個
かんぴょう…25～30cm

下準備
＊昆布と貝柱は一晩だしにつけておく。

だし
おでん用昆布…4～6個
干し貝柱…4個
だし…2ℓ
B [薄口しょうゆ…大さじ1
    塩…小さじ1
    酒…50mℓ]

具
ゆで卵…4個
こんにゃく…1枚
大根…10cm
じゃがいも…4個
ちくわ…2本
厚揚げ…2個
はんぺん、ごぼう天、
いわし天など…各適量

[作り方]
1. 巾着を作る。油揚げは熱湯をかけて油抜きして半分に切り、袋にする。かんぴょうは水に戻し、塩でもんで水洗いし、8つに切る。Aを混ぜてよく練り、4等分して油揚げの中に入れ、かんぴょうで結ぶ。餅や生卵も油揚げに入れ、結ぶ。
2. 他の具を用意する。こんにゃくは下ゆでし、星形に抜く。大根は2.5cm厚さの輪切りにし、皮をむいて面取りし、じゃがいも、ゆで卵も皮をむく。厚揚げは熱湯をかけ、三角に切る。ちくわは斜めに切り、はんぺん、ごぼう天なども半分に切る。
3. 土鍋に具を全部入れ、一晩つけただしをたっぷり加え、Bも加えて火にかけ、煮立ったら弱火にして煮る。

😊 おでんの煮汁が残ったら簡単おからを作ります。玉ねぎ1個分のみじん切りとおから200gを入れて、煮汁2カップ、みりん大さじ1を加え、弱火で煮汁がなくなるまでコトコト。ゆずの皮のみじん切りを散らすと上品な味に仕上がります。

小骨も臭みもなくて食べやすい
イワシのつみれ鍋

つみれは鮮度が決め手。新鮮なイワシは臭みもなく、ごぼうとよく合います。温かい鍋に仕立てると、子どもたちも争うように食べたもの。残ったすり身は素揚げにしてもおいしいです。

[材料(4人分)]

イワシ…6尾
A ┃ しょうが絞り汁…1かけ分
　┃ 酒…大さじ1
　┃ 味噌…大さじ1
ねぎ…3本
ごぼう…1本
片栗粉…大さじ1〜1 1/2
木綿豆腐…1丁
水菜…1束
B ┃ だし…7カップ
　┃ 酒…50㎖
　┃ 塩…小さじ1
　┃ 薄口しょうゆ…大さじ1

[作り方]

1. ねぎ1本はみじん切りにし、ごぼうは皮ごとささがきにしてから細かく切る。
2. 残り2本のねぎは5㎝長さに切り、焼き目をつける。水菜は7㎝に切り、豆腐は食べやすい大きさに切る。
3. イワシは頭と内蔵を取って開き、骨と皮も取り除き、フードプロセッサー(すり鉢でもよい)に入れ、Aを加えてよくすり合わせたら、ボウルに移し、1と片栗粉を加えて混ぜ合わせる。
4. 土鍋にBと豆腐を入れ、ひと煮立ちさせ、3のすり身をスプーンですくって入れていく。火が通ったらねぎと水菜を入れる。

甘みと旨味たっぷり！男子も大好き
ごぼうとさつまいものスープ

男の子も大好きなほっこりするスープです。ごぼうは皮に香りや栄養が多いので、皮ごと使いましょう。玉ねぎをねぎに変えても、豆乳を牛乳と生クリームにしてもおいしいです。

[材料(4人分)]

ごぼう…長めのもの1本(250gぐらい)　オリーブ油…大さじ3
さつまいも…1本(300gぐらい)　　　　豆乳、塩、こしょう…各適量
玉ねぎ…1/2個　　　　　　　　　　　　水…300㎖

[作り方]

1. 玉ねぎはうすくスライスする。ごぼうは皮のまま、さつまいもは皮をむき、うす切りにする。
2. 厚手の鍋にオリーブ油を入れ、弱火で玉ねぎ、ごぼう、さつまいもの順に加えて炒め、その度にふたをして5分ほど蒸らす。
3. 水を加え、ふたをしてやわらかくなるまで煮る。粗熱がとれたらブレンダーに移し、豆乳を少し加えて撹拌する。
4. 3を鍋に戻し、豆乳を加えて好みの濃さにのばし、塩、こしょうで味を調える。器に入れ、パセリを飾る。

☺ 野菜のおいしさを引き出すには、炒めたら弱火のままふたをして5分ほど蒸らすをくり返します。

秋のおやつにも
さつまいものゆず煮

季節を感じる香りのものはできるだけ食卓に取り入れます。「かあちゃん、ゆず好きだねえ」と子どもたちにいわれても。だって、キッチン中がゆずのいい香りで、幸せいっぱいになるんですもの。

[材料(4人分)]

さつまいも…大1本　ゆず…2個　素精糖…大さじ6～7

[作り方]

1. さつまいもは皮をむいて厚さ1㎝の一口大に切り、10分ほど水にさらす。ゆずは横半分に切って種を取り除き、ざく切りにする。
2. 鍋に入れ、ひたひたの水と素精糖を加え、ふたをして中火で煮る。沸いてきたら、ふたをずらして弱火で水分がなくなるまで煮る。

☺ ゆずをレモンに替えてもおいしいです。

ふんわり団子と滋味豊かなスープ
鶏団子と根菜のスープ

根菜もたっぷり食べられるこのスープは、大鍋にいっぱい作ってもすぐになくなるほど。団子にじゃがいものすりおろしを入れることでふんわり柔らかくなります。長芋以外の野菜は皮つきのまま使います。

[材料(4人分)]

A
- 鶏ひき肉…250g
- 玉ねぎみじん切り…1/2個分
- じゃがいもすりおろし…1個分
- 塩…小さじ1/2
- こしょう…少々

- 片栗粉…大さじ2
- 玉ねぎ…1/2個
- れんこん…1/2節
- ごぼう…10cm
- にんじん…1/2本
- しいたけ…大3枚
- 大根…10cm
- 長いも…10cm

- 薄力粉…大さじ1強
- 牛乳…300㎖
- オリーブ油…大さじ2
- にんにくみじん切り…1片分
- 野菜ブイヨン…1/2袋(2.5g)
- ローリエ…1枚
- パセリみじん切り…適量

[作り方]

1. 鶏団子を作る。ボウルにAを入れてよく練り、片栗粉を加えて混ぜ合わせる。
2. 野菜は1cm角に切り、れんこん、ごぼうは酢水に漬ける。
3. 鍋に湯を沸かし、ローリエを入れてれんこん、ごぼうをゆで、少しやわらかくなったら大根、にんじんも加えて一緒にゆでる。ゆで汁はとっておく。
4. 厚手の鍋にオリーブ油とにんにくを入れて中火にかけ、香りが出たら玉ねぎとしいたけを炒め、小麦粉を加えて炒める。
5. 鍋底にくっついてきたら弱火にし、長いも以外の野菜を入れ、3のゆで汁をひたひたに加え、牛乳、ブイヨンも入れ中火でふたをして煮る。
6. 1の鶏団子を一口サイズにして落とし、長芋も加えて弱火で10分煮る。器に入れ、パセリを散らす。

シャキシャキ感が楽しい
カリフラワーとれんこんの甘酢漬け

採れたてのカリフラワーはビタミンCがいっぱいと知り、生のまま塩をふって食べてみたらシャキシャキしておいしいこと！作ったその日より翌日や翌々日が味がしみておいしくなります。

[材料(4人分)]
- カリフラワー…1株
- れんこん…1節

甘酢A
- 酢…1/2カップ
- 素精糖…1/2カップ
- 水…3/4カップ

B
- 唐辛子…1/2本
- オイスターソース…小さじ2
- 花椒塩…小さじ1/2
- ごま油…大さじ1

[作り方]

1. カリフラワーは小房に分け、塩をふってしばらくおく。
2. れんこんは、厚さ5mmのいちょう切りにし、酢を入れた湯でさっとゆがく。
3. 小鍋にAを入れて一煮立ちさせる。冷めたらBを加えてよく混ぜる。1の水分を絞って加え、2も加えてよく混ぜる。

冬の定番
野菜たっぷりのロールキャベツ

薪ストーブの上に乗せてじっくり煮込むので、煮崩れたりしますが、肉のうまみも野菜のうまみも溶け合って、丸ごといただく幸福感があります。

[材料(4人分)]

キャベツの葉…4枚
合いびき肉…300g
玉ねぎ…1/2個
A［じゃがいものすりおろし…1/2カップ
　　卵…1個
　　ナツメグ…小さじ1/2
　　塩、こしょう…各適量］
じゃがいも…2個
にんじん…1本
セロリ…1本
しめじ1…パック
ブロッコリー…1/2株
トマト水煮缶…1缶
野菜ブイヨン…1袋(5g)
ローリエ…1枚

[作り方]

1. キャベツは芯の部分に包丁を入れ、1枚ずつはがす。芯の太いところを削って平らにし、熱湯でさっとゆでて冷ます。
2. 玉ねぎはみじん切りにし、合いびき肉、Aと合わせてよく混ぜ合わせ、4等分する。
3. 1のキャベツを芯を手前に広げ、2を置いて巻き、つま楊枝で止める。
4. にんじん、じゃがいも、セロリはひと口大に切り、しめじはほぐし、ブロッコリーは小房に分ける。
5. 厚手の鍋に3と4を入れ、水5カップ、トマト缶、ローリエ、野菜ブイヨンも加えて、アクを取りながら弱火で煮込む。塩・こしょうで味を調える。

玉ねぎ、きくらげ、にんじんをみじん切りにし、鶏ひき肉と豆腐を混ぜ、キャベツに包んでだしで煮込んだら、和風ロールキャベツ。針しょうがを添えて。

和風

信州のりんごは毎日でも食べたい
りんごサラダ3種

冬は、旬のりんごを使ったサラダが多くなります。冷やさずに常温で食べることと、マヨネーズの量を控えめにすると、りんごや野菜そのもののおいしさがぐっと感じられてうれしくなります。

りんごと大根のサラダ

[作り方]
1. りんごは4つに切って芯を取り、マッチ棒ほどの細さに切り、レモン汁をふりかける。
2. 大根は皮をむいて千切りにし、水に放ってシャキッとさせ、オリーブ油をかける。水菜は7cmほどに切る。
3. 1と2の大根を混ぜ、水菜を飾る。
4. 食べるときに好みで塩をふる。

[材料(4人分)]
りんご…小1個
大根…10cm
水菜…1/4束
オリーブ油…大さじ2
レモン汁…1/2個分

りんごと白菜のサラダ

[作り方]
1. くるみはくだいてオーブントースターで軽くローストする。りんごは4つに切って芯を取り、うすくスライスする。白菜は3cm角に切る。
2. ドレッシングの材料を混ぜ合わせ、りんご、白菜、くるみを和える。

[材料(4人分)]
りんご…小1個
白菜(芯のところ)
　…1/4個分
くるみ…大さじ2
ドレッシング
　マヨネーズ…1/2カップ
　ヨーグルト…大さじ1
　オリーブ油…大さじ1
　レモン汁、レモンの皮の
　　すりおろし…各1個分
　塩、こしょう…各適量

りんご入りポテトサラダ

[材料(4人分)]
りんご…小1個
じゃがいも…3個
マヨネーズ…大さじ3~4
りんご酢…大さじ1強
塩、こしょう…各適量

[作り方]
1. じゃがいもは皮ごとたっぷりの水に入れ、弱火〜中火でゆっくりゆでる。皮をむいてつぶし、熱いうちにりんご酢をふりかける。
2. りんごは5mm角に切る。
3. 冷めたじゃがいもとりんごを合わせ、マヨネーズで和える。塩、こしょうで味を調える。こしょうを効かせるとおいしい。

😊 マヨネーズは常温にしておくと油っぽくなりません。

丸麦入り具だくさん 農家のスープ

「プチプチはよくかんでね」といいながら食感を楽しむ丸麦入りのほっこりするスープ。丸麦は食物繊維やカルシウムが豊富で、まとめて煮て冷凍し、スープなどに入れるといいですよ。

[材料(4人分)]

丸麦…1カップ
にんじん…1本
玉ねぎ…1個
セロリ…1本
じゃがいも…2個
パプリカ…2個
ハム…5〜6枚
にんにく…1かけ
グリンピース…大さじ2
トマト…1個
トマト水煮缶…1缶
トマトジュース…200ml
水…5カップ
野菜ブイヨン…1袋(5g)
オリーブ油、塩、こしょう…各適量
ローリエ…1枚
タイム…3本(ドライなら小さじ1)

[作り方]

1. 鍋に丸麦と水2カップを入れて火にかけ、沸いたら弱火で15分ほど煮る。ときどきアクを取りながら混ぜる。煮えたらザルにあげ、流水で粘りを取る。
2. にんにくはみじん切りにする。

3. トマトは皮をむいてざく切り、ほかの野菜とハムは1cm角に切る。
4. 厚手の鍋にオリーブ油を入れて火にかけ、2を入れて炒め、香りが出たら3を加えて炒める。
5. 水5カップ、トマト水煮缶、トマトジュース、野菜ブイヨン、ローリエ、タイム、あれば赤ワイン$\frac{1}{4}$カップも入れて中火で煮る。沸いたら弱火にし、グリンピースを加え、ふたをして20分ほど煮込み、塩・こしょうで味を調える。
6. ローリエを出し、食べる直前に1の丸麦をひとり大さじ1の目安で入れる。

☺ 煮た丸麦の残りは、小分けして冷凍し「主婦の貯金」に。

自家製切り干しで旨味たっぷり
切り干し大根のスープ

子どもと一緒に千切りにした大根をざるに広げ、切り干し大根を作ります。乾燥するとほんのわずかになることにびっくり！でも干すことによって、甘みも旨味も増し、カルシウムや鉄分などの栄養価がぐんと高くなります。

[材料(4人分)]
- 切り干し大根…15g
- 玉ねぎ…$\frac{1}{4}$個
- セロリ…5cm
- しいたけ…小2枚
- しょうが…$\frac{1}{2}$かけ
- にんにく…$\frac{1}{2}$片
- だし…4カップ
- ごま油…大さじ1
- 薄口しょうゆ…小さじ$\frac{1}{2}$
- 塩…小さじ$\frac{1}{4}$
- こしょう…適量

[作り方]
1. 切り干し大根は、だしの中に入れて戻す。
2. しょうが、にんにくはみじん切りにする。玉ねぎ、セロリ、しいたけは薄くスライスする。
3. 厚手の鍋にごま油を入れ、2のしょうが、にんにくを入れて弱火で炒める。玉ねぎ、セロリ、しいたけも炒め、絞った1を加えてさっと炒める。
4. 1の戻し汁を入れ、鍋のふたを少しずらして、弱火で10分煮る。薄口しょうゆ、塩、こしょうで味を調える。

野菜も栄養もたっぷり
中華風あんかけ餅

我が家では、年末に友人たちと玄米餅をつきます。春に摘んだ冷凍よもぎ、黒米、もちきびなどを入れたものもつきます。つきたてをお昼にみんなでいただいたあとは、切り分けてやわらかいうちに冷凍。こうしておくと一年中つきたてのおいしさが保てます。

[材料(4人分)]
- 餅(玄米餅、よもぎ餅、きび餅など)…12個
- 白菜(先の柔らかいところ)…5～6枚
- 玉ねぎ…$\frac{1}{2}$個
- にんじん…4cm
- しいたけ…3個
- (あれば干ししいたけの甘煮)
- しめじ…$\frac{1}{2}$パック
- 舞茸…$\frac{1}{2}$パック
- えのき茸…1束
- もやし…$\frac{1}{2}$袋
- 絹さや…1パック
- ちりめんじゃこ…$\frac{1}{2}$カップ
- 干しきくらげ(水で戻す)…4個
- ねぎ…5cm
- にんにく…$\frac{1}{2}$片
- しょうが…1かけ
- A ┌ だし…1カップ
-   │ オイスターソース…大さじ1
-   │ しょうゆ…小さじ1
-   └ 塩、こしょう、ごま油…各適量
- 片栗粉…大さじ1

[作り方]
1. 餅全体にごま油を塗り、オーブントースターでふっくら焼く。
2. ねぎ、にんにく、しょうがはみじん切りにする。
3. 白菜はざく切り、にんじんは長さ3cmの短冊に切り、玉ねぎ、しいたけはスライス、きのこ類は石づきをとって食べやすい大きさにする。もやしは洗ってザルにあげ、絹さやはスジを取る。
4. フライパンにごま油を入れ、弱火で2を炒めて香りが出たら、ちりめんじゃこ、玉ねぎ、にんじん、きのこ類、白菜、もやし、絹さやの順にいれて中火で炒める。
5. Aを加えて味をつけ、片栗粉を同量の水で溶いて加え、とろみをつける。
6. 皿に1の餅を並べ、上から5をかけ、ごま油(分量外)を少量かける。

もっちりしてさっぱり
れんこん蒸し

故郷の岩国れんこんが届いたら、まず作るのがこれ。れんこんはすりおろすともちもちした食感になります。れんこんは食物繊維はもちろんタンニンも豊富。のどの痛みやせきがあるとき、れんこん汁をよく飲ませました。

[材料(4人分)]
れんこん…大1節
豚ひき肉…250g
ねぎ…1本
しょうが…1かけ
干ししいたけの甘煮…3〜4枚
（38ページ参照）
きくらげ(水で戻す)…4個
卵…1個

A [
酒…大さじ1
しょうゆ…小さじ1
塩…小さじ1
こしょう…適量
片栗粉…大さじ1〜2
ごま油…大さじ1
]
酢、しょうゆ各適量

[作り方]
1. れんこんは洗って皮つきのまますりおろす。干ししいたけの甘煮、戻したきくらげは細かく刻む。ねぎはみじん切りにし、しょうがはすりおろす。
2. 材料と調味料Aを全て混ぜ合わせる。
3. 耐熱の器にごま油(分量外)を塗り、2を平らに入れ、湯気の出た蒸し器に入れて中火で20〜25分蒸す。
4. 蒸し上がったら切り分け、酢2に対ししょうゆ1を合わせたたれを添える。

さわやかな甘さが人気 ゆず大根

甘くてみずみずしいわが家の大根にゆずのさわやかな香りがプラスされたサラダ感覚で食べられる冬の食卓の名脇役です。大根の葉は、ゆでて炒めものにするほか、干して大鍋で煮出しお風呂に入れて温まります。

[材料(作りやすい量)]
大根…1本(約1kg)
ゆず…1〜2個
唐辛子(輪切り)…1本分
切り昆布…10g
素精糖…100g
酢…60ml
薄口しょうゆ…60ml

[作り方]
1. 大根は長さ4〜5cm、幅1cmのステック状に切る。
2. ゆずは横半分に切り、しぼる。皮はそいで適当な大きさに切る。
3. 材料と調味料すべて、保存用のポリ袋に入れ、半日置く。ときどき全体を揺する。

おやつですよー！

手作りの皮もおいしい
肉まん

冬の寒い道を3キロも歩いて帰ってくる子どもたちのために、できるだけ温かいおやつを用意しました。手作りの皮は弾力があっておいしく、食べ盛りの子どもたちの冬のおやつにぴったりです。

[材料（16個分）]
皮
生イースト…8g
ぬるま湯…300mℓ
A ┌ 薄力粉…200g ┐
  │ 強力粉…200g │ A'
  │ 全粒粉…100g ┘
  │ 素精糖…20g
  │ 塩…5g
  └ スキンミルク…大さじ1
サラダ油…大さじ1
具
豚ひき肉…400g
玉ねぎ…小1個
干ししいたけの甘煮…3枚
（38ページ参照）
しょうが…1かけ
B ┌ ごま油…小さじ2
  │ しょうゆ…小さじ1
  │ 片栗粉…大さじ1
  └ 塩・こしょう…各適量

😊 蒸した肉まんは冷凍できます。

下準備
①クッキングシートで7cm×7cmの正方形を16枚作っておく。
②Aの粉類（A'）を合わせてふるっておく。
③生イーストをぬるま湯で溶かしておく。

[作り方]
1. 皮を作る。ボウルにAを入れて混ぜる。溶かした生イーストとサラダ油を加え、弾力が出てひとまとまりになるまでこねる。
2. ボウルに入れ、ぬれ布巾をかぶせて暖かいところで30〜40分発酵させ、1.5倍にふくらませる。
3. 2をふたつに分け、強力粉をふった台の上でそれぞれ棒状にし、1本を8等分する。
4. 綿棒で直径10cmほどに丸く伸ばす。ふちを薄くする。
5. 具を作る。玉ねぎ、干ししいたけの甘煮、しょうがはみじん切りにする。
6. ボウルにひき肉と5を入れて混ぜ合わせ、Bを加えてさらによく混ぜ、16等分する。
7. 皮に具を入れ、皮の縁を寄せてまとめ、指先でひねって閉じる。
8. 蒸し器にクッキングシートを並べ、その上に7を一つずつ置く。
9. 鍋に湯を沸かし、沸いたら8を乗せ、強火で20分ほど蒸す。

しっとり濃厚な味わい ガトーショコラ

寒くなってくると食べたくなるのがチョコレートたっぷりの
ガトーショコラ。ホイップクリームを添えて温かい飲み物と
一緒に食べると、幸せいっぱいになります。

[材料（直径18cmの底が抜ける丸型1台分）]
クーベルチョコレート…100g　ココア…60g
バター（食塩不使用）…80g　薄力粉…30g
卵（L）…4個　グランマニエ…大さじ1
素精糖…100g
生クリーム…50mℓ

下準備
①チョコレートを刻み、バターと合わせて湯せんにかけ溶かしておく。
②卵は、卵黄と卵白に分けておく。
③薄力粉とココアを合わせて、ふるっておく。
④型の底にクッキングシートを敷き、側面にバターをぬって強力粉をはたいておく。
⑤オーブンを180℃に温めておく。

[作り方]

1. ボウルに卵白を入れ、ハンドミキサーで泡立てる。ふんわりしてきたら素精糖の半量を加え角が立つまで泡立てる。

2. 別のボウルに、残りの素精糖と卵黄を合わせ、湯せんしながらもったりするまで泡立てる。

3. 2に湯せんで溶かしたチョコレートとバターを入れて、ゴムべらで混ぜる。生クリームを加えて混ぜ、グランマニエも加える。

4. 1のメレンゲも加えて混ぜ、ふるった粉類を加え、ざっくりと混ぜる。

5. 型に流し入れ、180℃のオーブンで50分焼く。

6. 冷めたら型から出し、好みで粉砂糖をふる。

手軽で簡単、常備おやつ **定番ラスク**

パンを冷凍することで乾燥し、カリッとしたラスクになります。おなかをすかせて帰ってくる子どもたちのためにまとめて作り、いつも密閉ビンに入れていたものです。

[材料(作りやすい量)]
全粒粉食パン…1斤
牛乳…100㎖
バター…90g
素精糖…280g

☺ パンのスライスはなじみのパン屋さんにお願いします。

[作り方]
1. 前日までにパンを6〜8㎜ほどにスライスし、それぞれ4等分に切り、保存袋に入れていったん冷凍する。自然解凍し、天板の上に並べる。
2. 小鍋に牛乳、バター、素精糖を入れて弱火にかけ、煮溶かす。熱いうちに1のパンに塗る。冷めてきたら温めながら塗る。
3. 180℃のオーブンで15〜20分焼く。オーブンのふたを開けたまま冷ます。

私のお菓子教室

子育て中ずっと理想のお菓子教室を思い描いていて、いつか実現したいと思っていました。それは、子育て中のお母さんが、赤ちゃんや小さい子どもを連れて参加できるお菓子教室です。お母さんたちは、子どもと一緒にのんびりとした雰囲気の中でケーキや焼き菓子の基本を身につけ、安全な食材を使って子どもたちが成長するための力になるおやつが作れるようになったらいいなと思ったのです。

お教室の日は、お出かけ気分。お菓子作りを習いながら、子育ての情報交換や日ごろの悩みを話し合ったりして、楽しい時間を過ごせたら、とてもいい気分転換になります。初めての子育ては慣れないことが多く、ウツウツモンモンになりがちですが、外に出て人と触れ合うことで元気になれたりします。しかも、手作りのケーキやお菓子が少しずつ上手になって、家族から「おいしいー」って喜んでもらえたら、自信もわいてきます。

お教室では、最初に作るのがバースデーケーキです。子育て中にこそいちばん作ってほしいケーキだからです。私が八ヶ岳に移り住んだ３０年前は、まだ近くに手作りケーキの店などなかったので、ケーキ作りの本を読みながらの挑戦でした。

そして失敗ばかりして何度も悔しい思いをしました。スポンジがうまくふくらまなかったり、均等にできなかったり。子どもの誕生日の朝はドキドキしたものです。子どもたちは楽しみにしているぶん、厳しくもありやさしくもありの反応です。夫がフォローして雰囲気を盛り上げてくれ、食べてくれたこともありました。毎回ぶっつけ本番のような緊張でしたが、がんばって続けることで、本には書かれてないちょっとしたタイミングや要領がつかめてきて、だんだん失敗が少なくなりました。不思議とひとつができるようになると、他のものもなんとなくうまくいくようになってきて、楽しくなります。「おやつの時間」は、子どもにとって大きな楽しみであり、それがお母さんの手作りであれば、時と共に絆をより深めてくれるものだと思います。

私は子育てにゆとりの時間が持てるようになったとき、お菓子教室に通いました。そこで修了証をいただいたのを機に、念願のお菓子教室を自宅で少人数制で始めました。もう１０数年になりました。生徒さんが連れてきた幼かった子どもたちも、小学校高学年や中学生になります。時々遊びに来てくれたり、ばったり会ったりすることがあり、嬉しいものです。大好きな赤ちゃんや小さな子と触れ合いながら、お母さんたちへの子育てへの応援も込めて、楽しみながらお教室を続けていきたいと思っています。

特別な日のごはん

子どもは行事やイベントが大好きです。
だから母ちゃんも張りきって特別なご飯を作ります。
お誕生日のケーキ、お祝いのお寿司、お彼岸のおはぎなど、
行事やイベントにはそれぞれに
ふさわしいメニューがあります。
ただ、ハレの日のごちそうといっても、
家で作るものですから決して豪華ではありませんし、
毎年同じようなメニューで代わり映えしませんが
子どもたちにはわが家の味、思い出の味になっているようです。

誕生日 いちごのバースデーケーキ

裏に住むおばあちゃんを含めて7人家族のわが家は2ヶ月に1回の割合で誕生日がきます。お誕生日はその人にとって特別な日、料理もケーキもその人がいちばん喜ぶメニューを用意し、家族みんなで祝います。人気のケーキは、いちごをびっしり並べた特大サイズのショートケーキ。スポンジケーキは3段にして、いちごとクリームをたっぷりはさんで作ります。誕生日の子は、切り分けたケーキを最初に選ぶ権利がありますから、得意げに大きいピースに手を伸ばします。

[材料(直径20cmの底が抜ける丸型1台分)]

スポンジ
卵(L)…5個
素精糖…30g+100g
薄力粉…150g
無塩バター…45g

仕上げ用
A ┌ 生クリーム…300mℓ
  │ 素精糖…大さじ2
  └ キルシュワッサー…大さじ1
いちご…1 1/3 パック(飾り用)
　　　　2/3 パック(間にはさむ用)

シロップ
熱湯…30mℓ
素精糖…10g
キルシュワッサー…大さじ1

*準備
①バターを湯せんで溶かしておく。
②卵は卵白と卵黄に分けておく。
③シロップを合わせておく。
④型の底にクッキングペーパーを敷き、側面にバターをうすく塗って強力粉をはたいておく。
⑤オーブンを175℃に温めておく。

[作り方]

1. 卵白はハンドミキサーでしっかり泡立て、素精糖30gを加えて角が立つまでさらに泡立てメレンゲを作る。
2. 卵黄はほぐして素精糖100gを加え、60℃くらいのお湯で湯せんをしながら、ハンドミキサーで白くもったりするまで泡立てる。
3. 2に1のメレンゲを加えてゴムべらで混ぜ合わせ、薄力粉をふるいながら入れ、ざっくり混ぜる。
4. さらに溶かしバターを加えて混ぜ合わせ、型に流し入れる。

5. 175℃のオーブンで40〜45分くらい焼く。
6. Aを合わせ、泡立て器で7分立てに泡立てて、仕上げ用のホイップクリームを作る。
7. 5のスポンジの粗熱がとれたら、表面が平らになるように切り落とし、3枚にスライスする。底以外の面にシロップをハケではたくように塗る。
8. 間にはさむ2/3パックのいちごはタテ5mmくらいにスライスし、スポンジ、クリーム、いちご、クリームの順で重ねていく。残りのクリームを表面と側面に塗り、上にいちごをすきまなく飾る。

☺ 生クリームを泡立てるときはハンドミキサーではなく、泡立て器でゆっくりホイップすると、あっさりしたおいしさになります。また、スポンジの断面にシロップをはたくように塗っておくと、クリームの水分が染み込まず、ふんわり感が保てます。

☺ 生クリームは中沢の乳脂肪分45％を使用しています。

子どもの日

男の子ばかりのわが家ですから、端午の節句は特に大事です。鯉のぼりや兜を飾り、ちらし寿司を作り、皆でしょうぶ湯に入ります。ちらし寿司には、ちりめんじゃこやごまもたっぷり入れて栄養価も高くします。

たけのこのちらし寿司

[材料(4人分)]

米…3合
A [酢…大さじ9 / 素精糖…大さじ2 / 酒…大さじ3 / 塩小さじ…1 1/2]
にんじん…1/2本
れんこん…小1節
B [だし…1カップ / 酢…1/2カップ / 素精糖…大さじ3]
たけのこ…小1個
C [だし…1カップ / 酒…大さじ2 / みりん…大さじ1 / 塩…小さじ1/2 / 素精糖…小さじ2 / 薄口しょうゆ…小さじ1]
きゅうり…小1本
干ししいたけの煮物…4〜5枚（38ページ参照）
ちりめんじゃこ…1カップ
D [酢・酒…各1/4カップ / 素精糖…大さじ1 1/2]
炒りごま…大さじ3〜4
卵…3個
E [水…大さじ3 / 素精糖…小さじ1 / 塩…ひとつまみ / 片栗粉…大さじ1（同量の水で溶く）]
木の芽…適量

[作り方]

1. すし飯を炊く。洗ってザルにあげた米とAを炊飯器に入れ、分量まで水を加えて炊き、10分蒸らす。
2. にんじん、れんこん、たけのこはうすくスライスして1cm角に切り、きゅうりはうす切りにする。
3. れんこんは酢を入れた熱湯でさっとゆでる。Bを合わせて一煮立ちさせて冷ました中に浸けておく。
4. にんじんは塩を入れた熱湯でさっとゆでる。たけのこはCで煮る。きゅうりは塩をふってしんなりしたらしぼる。干ししいたけの煮物はうすくスライスする。ちりめんじゃこはDを一煮立ちさせ、冷ました中に浸けておく。
5. 卵は溶き、Eを混ぜてこす。フライパンに油（分量外）をしいてうすく焼き、1cm角に切る。
6. すし飯をすし桶に入れて人肌に冷まし、汁気を切った3、4、ごまを加えて切るように混ぜる。
7. 5の卵、木の芽を彩りよく散らす。

😊 すし飯は、米1合に対し酢大さじ3、素精糖大さじ2/3、塩小さじ1/2、酒大さじ1が目安。調味料も一緒に入れて炊飯器で炊くと、手間がかからずベタつかずにできます。

😊 薄焼き卵は、中火で、卵液をフライパン全体にうすく広げ、縁がはがれてきたら裏返し、すぐ取り出すときれいに焼けます。

ごちそうポテトサラダ

じゃがいもやそのほかの野菜の味をじゃましないように、マヨネーズは少なめに。カッテージチーズを加えて、ちょっとリッチなポテトサラダにします。

[材料(4人分)]

じゃがいも…大3個
にんじん…1/2本
きゅうり…1本
玉ねぎ…1/4個
ロースハム…5枚
卵…2個
マヨネーズ…大さじ4
カッテージチーズ…大さじ2
酢…大さじ1
塩、こしょう…各少々

[作り方]

1. じゃがいも、にんじんは1センチの角切りにし、それぞれかためにゆでて水気を取り、じゃがいもは酢を加えてなじませる。卵はゆで、細かく切る。
2. 玉ねぎはうすくスライスし水にさらし、きゅうりはうす切りにして軽く塩をふり、それぞれかたくしぼる。ハムは1センチ角に切る。
3. ボウルに1、2を合わせ、マヨネーズ、カッテージチーズ、塩を加えて混ぜる。

😊 じゃがいもは酢をかけておくこと、玉ねぎやきゅうりは水分をしっかりしぼること。マヨネーズは常温で。これでポテトサラダがぐんとおいしくなります。

わらびの甘酢漬け

わらびやこごみなどのお浸しや甘酢漬けは、苦味がなく子どもでも食べやすい山菜。子どもたちと一緒に山菜採りをし、家族で春を味わいます。

[作り方]

1. わらびのあく抜きをする。バットにわらびを並べ、木灰を全体にふりかけ、ひたひたに熱湯を加えて半日から一晩おく。
2. 甘酢（酢1カップ・水1カップ・素精糖1/2カップ・薄口しょうゆ小さじ1）を一煮立ちさせ冷ます。
3. きれいに洗ったわらびを食べやすい長さに切り、2に浸ける。

運動会 遠足

子どもたちの頑張りに、見ている私たちも思わず力が入る運動会。青空の下、校庭にシートを敷いて家族みんなで食べるお昼のごちそうは、カニ寿司です。のり1枚にご飯200gで巻き寿司1本と覚えておくと便利です。

遠足のお弁当のいちばんの人気はおいなりさん。油揚げはいつもうす味に煮るわが家ですが、遠足用には少し甘めに作ります。

カニ寿司

[材料(4人分)]

米…3合
A [酢…大さじ9
    素精糖…大さじ2
    塩…小さじ1½
    酒…大さじ3]
カニ缶詰…1缶
B [素精糖…小さじ1
    マヨネーズ…大さじ2]
卵…2個
C [水またはだし…大さじ2
    素精糖…小さじ½
    塩…ひとつまみ]
きゅうり…1本
のり…4枚

[作り方]

1. すし飯を炊く。洗って15分ザルにあげた米とAを炊飯器に入れて分量まで水を入れて炊き、10分蒸らす。
2. カニ缶詰は軽くしぼり、Bを加えて混ぜる。卵はCを加えて卵焼きを作り、6本の細い棒状に切る。きゅうりは1本をたてに4等分する。
3. すし飯をすし桶に入れて冷ます。
4. 巻きすの上にのりをのせ、すし飯を200gのせ、平らにする。巻き終わりの部分を2cmあけておく。真ん中あたりに卵焼き、きゅうり、カニを置く。
5. 巻きすで巻き込むようにし、指で押さえながら向こう側へ巻いていく。
6. 少し落ち着いたら、包丁をぬれ布巾でふきとりながら切る。

いなり寿司

[材料(4人分)]

米…3合

A [酢…大さじ9
    素精糖…大さじ2
    塩…小さじ1$\frac{1}{2}$
    酒…大さじ3]

油揚げ…10枚

B [だし…2$\frac{1}{2}$カップ
    薄口しょうゆ…大さじ4
    みりん…大さじ4
    素精糖…大さじ3
    酒…適量]

ひじきの炒め煮…$\frac{1}{2}$カップ
（92ページ参照）
ちりめんじゃこ…1カップ

C [酢、水…各$\frac{1}{4}$カップ
    素精糖…大さじ1$\frac{1}{2}$]

煎りごま…大さじ3

[作り方]

1. 油揚げは半分に切って袋状に開き、熱湯をまわしかけて油抜きをし、両手にはさんでしっかりしぼる。鍋に入れ、Bを加えて落としぶたをして煮汁がなくなるまで弱火で煮る。
2. ちりめんじゃこは、一煮立ちさせ冷ましたCに浸けておく。
3. 米は洗って15分ザルにあげ、Aを加えて炊飯器で炊き、10分蒸らす。
4. 3をすし桶に入れて人肌に冷まし、2のじゃこ、ひじきの煮物、ごまを加えて全体に切るように混ぜる。
5. うす揚げの汁を軽くしぼり、4を詰める。

😊 油揚げは半日ぐらい置くと味が落ち着く。揚げのおいしさを味わいたいのでご飯は詰めすぎないようにします。

😊 ゆずが出回るころは、ゆずの皮のみじん切りをたっぷり混ぜても美味。

冬至

昼が最も短くなる冬至を境に日は徐々に長くなります。昔々の中国では、新年よりにぎやかで、お正月のように「おめでとう」とあいさつを交わしたそうですが、八ヶ岳に移住してその気持ちがよくわかるようになりました。ほんとうの寒さはこれからだけど、伸びる日脚に、春に向かっているという希望がわいてくるのです。わが家では毎年、友人たちと持ち寄りのかぼちゃ料理を食べながら冬至を祝います。夜は、安いキズ有りのゆずをぜいたくに浮かべたゆず湯に入ります。

冬至に食べると風邪をひかないといういとこ煮を作り、かぼちゃづくしを楽しみます。

いとこ煮

[材料（4人分）]

かぼちゃ…1/2個（正味400g）
小豆…1/2カップ
素精糖…大さじ4

[作り方]

1. 小豆と水300mlを圧力鍋に入れて強火にかけ、沸いてきたらふたをする。ピンが上がったら弱火で5分加熱し、火からおろして10分放置。

2. かぼちゃは4cm角に切って鍋に入れ、かぶるくらいの水と素精糖を加え、落しぶたをして中火で煮、沸いてきたら弱火で15分煮る。

3. 煮汁を切った1を加え、弱火で動かさずに煮汁がなくなるまでふたをして煮る。

☺ かぼちゃそのもののおいしさが重要。ヘタ部分の太いものを選びます。

かぼちゃケーキ

[材料（直径18センチの底が抜ける丸型）]

かぼちゃ…200g	素精糖…80g
A [生クリーム…大さじ2	卵(L)…2個
メープルシロップ…大さじ2	小麦粉…200g
シナモン…小さじ1	ベーキングパウダー…小さじ1
オレンジキュラソー…大さじ1	無塩バター…100g

下準備
① バターは常温に戻しておく。
② 卵は卵黄と卵白を分けておく。
③ 型にバターを塗り、強力粉をふるっておく。
④ オーブンを180℃に温めておく。

[作り方]

1. かぼちゃは1cm角に切って、かために蒸し、粗熱がとれたらAをからめておく。
2. 卵白をハンドミキサーでしっかり泡立て、素精糖の半分を加えてさらに泡立てメレンゲを作る。
3. 別のボウルにバターを入れ、ハンドミキサーで空気を入れるように混ぜ、残りの素精糖を加えてすり合わせるように混ぜる。さらに卵黄を加えて混ぜる。
4. 3に2のメレンゲの$\frac{1}{3}$と、1を加えてゴムべらでざっくりと混ぜ、粉類をふるいながら入れて混ぜ、残りのメレンゲを加えて混ぜ合わせる。
5. 180℃のオーブンで40〜50分焼く。切り分けるときに好みで粉糖をふる。

かぼちゃのプリン

[材料（プリン型4〜5個分）]

かぼちゃ…200g	素精糖…60g
卵(L)…2個	牛乳…300mℓ
卵黄…1個分	メープシロップ…50mℓ
	バニラオイル…数滴

[作り方]

1. かぼちゃは皮をむいて蒸し、熱いうちにつぶしてペースト状にする。
2. ボウルに1を入れ、溶きほぐした卵を茶こしでこしながら加え、よく混ぜる。
3. 小鍋にメープルシロップを入れて中火にかけ、泡がわいてくるまで煮つめる。熱いうちに型に入れていく。
4. 3の鍋に牛乳と素精糖を入れ、60℃くらいに温めて煮溶かし、バニラオイルを加える。これを2にゆっくり加えながら混ぜ、3に流し入れる。
5. 天板にペーパータオルを敷き、4を並べ、天板に1cmくらいぬるま湯を張って、180℃のオーブンで20〜30分蒸し焼きにする。

😊 ケーキもプリンも焼き上がったら竹串を刺して、焼き具合を確かめてください。

😊 型のまわりにパレットナイフを入れて型からはずします。

クリスマス

12月。初雪が降って冬が始まり、うっすら雪化粧をした八ヶ岳が、できたてのクリスマスケーキみたいにおいしそうで美しく思える日があります。

そのころ父ちゃんは森へ出かけ、陽が当たらず大きくなれないモミの木を掘りおこして、肩に担いで帰ってきます。家では、飾り用のクッキーやオーナメントを用意し、ワイワイ騒ぎながら子どもたちと飾り付け。ツリーはストーブのそばに置くと、モミの木のいい匂いがします。

クリスマスは子どもたちの楽しみ。サンタさんにお願いしているものが届かなかった翌年から、お兄ちゃんたちは窓ガラスにサンタさんへのお手紙を貼り、クッキーとジュースをトレーに乗せておいておくようになりました。

地鶏の丸焼き

クリスマス気分を盛上げてくれるのは、やっぱり鶏の丸焼き。地鶏であれば、塩とこしょう、お気に入りのエキストラバージンオリーブ油だけのシンプルな味つけで十分おいしい！家族に切り分けるのは、父ちゃんの担当です。

[材料]
地鶏…1羽
塩、こしょう、
エクストラバージン
オリーブ油…各適量
にんにく(すりおろし)…2片分
ブロッコリー…1株
カリフラワー…1株
にんじん…1/2本

[作り方]
1. 鶏は全体にまんべんなく塩、こしょうをすり込む。お尻の中にはにんにくのすりおろしをすり込み、一晩置く。
2. ブロッコリー、カリフラワーは小房に分け、にんじんは5mm幅に輪切りにし、熱湯でさっとゆでる。
3. 1のすみずみまでオリーブ油を塗り、180℃のオーブンで50分ほど焼き、もう一度オリーブ油を塗り、200℃のオーブンで10分焼く。

簡単ドリア

ホワイトソースとチーズをたっぷりかけたアツアツのドリアは、寒い日のごちそうです。ピラフは材料を切って炊飯器で炊くだけなので手間いらず。カレー粉やサフランで味つけを変えてもおいしいです。

[材料(4人分)]
米…2合
A ┌ 玉ねぎ…1個
　├ にんじん…1本
　├ ロースハム…90g
　├ しめじ…1パック
　├ コーン缶…1/2カップ
　├ ローリエ…1枚
　├ 野菜ブイヨン…1袋(5g)
　└ 塩…小さじ1/2
パプリカ…1個
パセリみじん切り…大さじ2
エクストラバージン
　オリーブ油…大さじ2
ホワイトソース(作り方56ページ参照)
┌ バター…40g
├ オリーブ油…大さじ2
├ 薄力粉…大さじ4
└ 牛乳…2 1/2カップ
溶けるナチュラルチーズ・粉チーズ…各適量

[作り方]
1. 米は洗って炊飯器に入れ、分量まで水を入れる。
2. Aの玉ねぎ、にんじんは粗みじんに切り、ハム、しめじは5mm角に切る。1にAを加え、炊く。
3. 炊きあがったら、粗みじんに切ったパプリカ、パセリ、エキストラバージンオリーブ油を加えて混ぜ、耐熱容器に入れる。
4. 3に溶けるチーズ、その上にホワイトソースをのせ、粉チーズをふり180℃のオーブンで20分、200℃に上げ10分焼く。

オペラケーキ

チョコレートクリームとココアのスポンジが層になったオペラケーキは、小さい子どもから大人まで人気。バターを少なめにしているので市販のオペラケーキより軽い仕上がりです。

[材料(直径18cmの底が抜ける丸型1台分)]
スポンジ
卵(L)…4個
薄力粉…90g
ココア…15g
素精糖…90g
無塩バター…50g
チョコレートクリーム
A ┌ チョコレート…120g
　└ 生クリーム…90ml
キルシュワッサー…大さじ1
シロップ
┌ 熱湯…30ml
├ 素精糖…10g
└ キルシュワッサー…大さじ1
下準備
①バターを湯せんで溶かしておく。
②シロップを合わせておく。
③型の底にクッキングシートを敷き、側面にバターをうすく塗って強力粉をはたいておく。
④チョコレートを細かく刻んでおく。
⑤オーブンを175℃に温めておく。

[作り方]
1. ボウルに全卵と素精糖を加え、湯せんしながらハンドミキサーで白くもったりするまで泡立てる。
2. 1に薄力粉とココアをふるいにかけながら加え、ゴムべらでざっくりと混ぜ、溶かしバターを入れ混ぜ合わせる。
3. 型に流し入れ、175℃のオーブンで40〜45分焼く。
4. Aを湯せんで溶かし、粗熱をとり、キルシュワッサーを加える。泡立て器で泡立て、チョコレートクリームを作る。
5. 3のスポンジの粗熱がとれたら、表面を平らに切り落とし、3枚にスライスする。底以外の面にシロップをはたくように塗る。
6. スポンジに4を塗り、重ねていく。周囲にも塗る。

お彼岸

八ヶ岳に移住してから、お彼岸はほんとうに季節の節目なのだと実感するようになり、おはぎ作りがとてもうれしくなりました。あらめの炒め煮は、甘いおはぎにとても合います。あんは多めに作り、白玉あんみつなど和風のデザートにも使います。

おはぎ

[材料]
- もち米…1.5合
- うるち米…0.5合
- 小豆…2カップ
- 素精糖…1カップ
- A
  - きなこ…40g
  - 素精糖…10g
  - 塩…小さじ$\frac{1}{4}$
- B
  - 黒すりごま…50g
  - 素精糖…15g
  - 塩…小さじ$\frac{1}{4}$

[作り方]
1. もち米は洗って1時間水に浸しておき、ザルにあげて15分おき、うるち米と合わせ、塩ひとつまみ（分量外）加えて炊飯器で炊く。
2. 1をすり鉢に入れ、すりこぎでついて半つぶしにする。
3. 粒あんを作る。圧力鍋に小豆と水6カップを入れて強火にかけ、ピンが上がったら弱火にして5分加熱し、自然放置する。
4. ふたをあけ、素精糖を加え、中火で煮詰める。
5. AとBはそれぞれバットに出し、素精糖と塩を混ぜ合わせる。
6. 2を16個の俵型に丸める。8個はそのまま丸め、まわりを粒あんで包む。4個は少し大きめに丸め、すりごまをつける。4個は中に粒あんを入れて丸め、きなこをつける。

😊 あんの苦手な人のために、ごまはあんなしにしました。少し大きめに丸めてできあがりサイズをそろえます。粒あんをつけるものはふたまわりほど小さめに。子どもと作るときは、手の平にラップを広げ、その上で作るといいでしょう。

あらめ煮

[材料]
- あらめ…30g
- 玉ねぎ…$\frac{1}{2}$個
- にんじん…5㎝
- れんこん…3㎝
- ごま油…大さじ2
- 素精糖…大さじ$\frac{1}{2}$
- 酒…大さじ2
- だしじょうゆ…大さじ2

[作り方]
1. あらめは水で戻し、洗ってざるにあげる。玉ねぎはスライス、にんじんは千切りにする。れんこんはうすいいちょう切りにして酢水につけ、さっとゆでておく。
2. フライパンにごま油を入れ、野菜とあらめを加えて中火で炒め、素精糖、酒を加えてさらに炒め、最後にだしじょうゆを加え、強火で手早く汁気がなくなるまで炒める。

白玉あんみつ

[材料]
- 白玉粉…$\frac{1}{4}$カップ
- 絹豆腐…40g
- 寒天…1本
- 黒蜜…大さじ1
- 黄桃缶…$\frac{1}{2}$缶
- あん、黒蜜…各適量

[作り方]
1. 白玉粉と絹豆腐を合わせ、耳たぶくらいの固さに練る。親指の先くらいの大きさに丸め、真ん中を少しへこませる。
2. お湯を沸かして1を入れ、浮き上がってきたらすくって冷水にとる。
3. 寒天は水につけて戻して絞り、ちぎって550㎖の水に入れて弱火で気長に煮溶かし、黒蜜大さじ1を加える。型に入れて冷やし固め、1㎝角に切る。
4. 器に2、3を入れ、食べやすい大きさに切った黄桃を添え、あんをのせて黒蜜をかける。

😊 寒天1本で約3回分あるので、果物を変えたり、アイスクリームを添えたりして楽しみます。

入学卒業

待ちに待った春ですが、家族が多いとたいへんです。卒業・入学する子はもちろん、ほかの子の進級も祝ってあげたいので、大きな押し寿司を作ります。これは母のふるさと岩国の名物で、私も子どものころから祝ってもらってきました。わが家は大きな押し寿司器を使いますが、米一合用の押し寿司器で家族分作ってもいいでしょう。この押し寿司をテーブルのまん中に置くと、それだけでごちそうモードになります。

押し寿司

[材料]
米…4合
A［米1合に対し
 酢…大さじ3
 素精糖…大さじ2/3 ］×4
 酒…大さじ1
 塩小さじ…1/2
鮭ほぐし…80g
れんこん…小1節
B［だし…1カップ
 酢…1/2カップ
 素精糖…大さじ3

干ししいたけの煮物
（38ページ参照）
…6〜7枚
えび…12〜15尾
卵…3個
C［素精糖…小さじ1
 塩…少々
春菊の葉先、
サニーレタス…各適量

[作り方]
1. すし飯を炊く。洗って15分ザルにあげた米とAを炊飯器に入れ、分量まで水を入れて炊き、10分蒸らす。
2. れんこんはうすくスライスし、酢を入れた熱湯でさっとゆでる。Bを合わせて一煮立ちさせて冷ました中につける。
3. 春菊、サニーレタスは洗って水気をふきとる。
4. 干ししいたけの煮物はスライスする。
5. えびはからと背わたをとって開き、塩を入れた熱湯でさっとゆでる。
6. 卵とCをよく混ぜてこす。フライパンに少し油（分量外）をひいてうすく焼き、細く切って錦糸卵を作る。
7. すし飯をすし桶に入れ、うちわであおぎながら人肌に冷まし、鮭ほぐしを入れて切るように混ぜる。
8. 型にサニーレタスを敷き、7の半分を平らに入れる。その上にれんこん、しいたけを並べ、サニーレタスをのせる。
9. 残りのすし飯をのせて平らにし、春菊、錦糸卵、えびを彩りよく散らす。
10. 上からギュッとふたをして、重石を置く。
11. 型から出し、切り分ける。

😊 わが家では鮭ほぐしをよく使いますが、本場岩国では鯛の刺身を使います。

わが家の常備菜

夫は舞台の仕事のあいだは長期間単身赴任になります。そのため、日常の食事で不足しがちな食物繊維などを補える常備菜を作り、夫の元にクール便で送ります。日持ちがするものを10種類ほどを組み合わせ、だいたい1週間単位で送ります。もちろん家でも常備菜は必需品です。メインのおかずと汁物に常備菜があれば栄養のバランスがとれます。息子たちが家を離れた今も、息子の元に常備菜をはじめ季節のさまざまなおかずを作って送っています。だから、夫とふたり暮らしになっても、やっぱり台所に立ち続けています。

＊酢を使った料理を作るときは、ステンレスかホウロウの鍋を使ってください。アルミや鉄は酢の酸で化学反応をおこします。

ひじきの炒め煮

材料（作りやすい分量）
ひじき…80g
酒…50㎖
しょうゆ…60㎖
ごま油…大さじ1½
だしじょうゆ…大さじ1

[作り方]
1. ひじきをさっと洗って20分水に戻し、ザルにあげる。
2. 鍋にごま油とひじきを入れ、中火にかけて炒める。
3. 酒を加えてよく炒め、しょうゆも加えて弱火でよく炒める。だしじょうゆを加えてさっと炒め、火を止める。
4. 保存のために冷めたら梅干しを入れ、崩して混ぜながら食べる。

大豆の甘煮

材料（作りやすい分量）
大豆…2カップ
素精糖…120g

[作り方]
1. 大豆は一晩水に浸ける。
2. 圧力鍋に1とひたひたの水を入れ、ふたを開けたまま強火にかける。
3. 沸騰したらふたをして、ピンが上がったら弱火にして5分加熱し、火を止めて自然放置する。
4. ザルにあけて別鍋に移し、ひたひたの水と素精糖を加え、落としぶたをして中火で煮る。煮汁がなくなったらできあがり。

炒り豆腐

材料（作りやすい分量）
もめん豆腐…1丁(350g)
生いもしらたき…1袋
にんじん…½本
干ししいたけの甘煮（38ページ参照）…3枚
卵…2個
A［酒…½カップ／しょうゆ…¼カップ／素精糖…大さじ1½］
ごま油…大さじ2

[作り方]
1. 豆腐はざるに入れ、しばらくおく。
2. しらたきは熱湯で下ゆでし、3㎝に切る。にんじんは斜めうすぎりにしてから細切りにする。干ししいたけの甘煮はうす切りにする。
3. フライパンにごま油を入れ、2を入れて中火で炒める。1を手で崩しながら加えてよく炒め、Aを加えてさらによく炒める。
4. 溶き卵を加え、汁気を飛ばすように炒める。

きくらげの黒酢煮

材料（作りやすい分量）
干しきくらげ…30g
A［だし…1½カップ／しょうゆ…½カップ］
黒酢…½カップ
黒すりごま…大さじ3

[作り方]
1. きくらげは洗って半日水につけて戻す。石づきを取り、半分に切る。
2. 鍋に1を入れ、Aを加え、中火で20分煮る。ふたをずらし、ときどき上下を返しながら煮、煮汁が底1㎝ほどになったら黒酢を加え、混ぜながら汁気がなくなるまで煮る。
3. 冷めたら黒すりごまを加えて和える。

切り干し大根煮

材料（作りやすい分量）
切り干し大根…60g
油揚げ…1枚
切り干し大根の戻し汁…適量
A［だし…1カップ／酒…¼カップ／素精糖…大さじ1］
薄口しょうゆ、だしじょうゆ…各大さじ1
白いごま…大さじ2

[作り方]
1. 切り干し大根は洗って、ひたひたより少し多めの水に15分つけて戻す。
2. 油揚げは熱湯をかけて水で洗って油抜きし、縦半分に切り横に細く切る。
3. 厚手の鍋に1をしっかりしぼって入れ、2と1の戻し汁、Aを加えてふたをして中火で煮る。吹いてきたら弱火にして15分煮、薄口しょうゆ、だしじょうゆを加え、ふたをしたまま5分煮、ごまを混ぜる。

常備菜や総菜を作るときは、だしじょうゆがあると便利。最後に加えると風味づけになります。

だしじょうゆ

[材料]
- 水…2カップ
- A ┌ しょうゆ…1/2カップ
  └ みりん…1/2カップ
- かつお削り…25g

[作り方]
鍋に、Aを入れて一煮立ちさせ、かつお削りを加える。冷めたらこして、冷蔵庫で保存する。

ちりめん山椒

[材料(作りやすい分量)]
- ちりめんじゃこ…200g
- 山椒の実…30g
- 酒、薄口しょうゆ、みりん…各40㎖

[作り方]
1. 山椒は洗ってザルに入れ、蒸気の上がった蒸し器にザルのまま入れて5分蒸す。
2. 鍋に移し、酒と薄口しょうゆを入れ、弱火で煮る。煮汁が残るくらいになったらちりめんじゃこを加え、鍋底の煮汁が全体にいきわたるように木べらで混ぜる。
3. みりんを回しかけ、やさしく混ぜる。
4. すぐに大きめのバットに広げて冷ます。

ベビーほたてのあっさり煮

材料(作りやすい分量)
- ベビーほたて…800g
- しょうが…大1かけ
- 梅干し…大2個
- A ┌ 酒…100㎖
  │ 薄口しょうゆ…60㎖
  └ 素精糖…大さじ1

[作り方]
1. ほたては、洗って内側のキモを楊枝などで取り除く。しょうがは千切りにする。
2. 梅干しは種を取ってたたく。
3. 鍋に1を入れ、Aを加えて中火で煮る。
4. 煮汁がなくなる前に2を加えて全体に混ぜ合わせ、火からおろす。

ピーマンのきんぴら

*ほかにセロリや大根(油揚げの細切りも加え、最後にごまをふる)、れんこん(唐辛子1/2本を加え炒める)なども人気です。

材料(作りやすい分量)
- ピーマン…5〜6個
- ちりめんじゃこ…1/2カップ
- ごま油…大さじ2
- だしじょうゆ大さじ…1・1/2

[作り方]
1. ピーマンは種を取り除き、細く切る。
2. 鍋にごま油を入れ、ちりめんじゃこを炒める、1を加えて炒め、ふたをして弱火で5分ほど蒸し煮する。
3. だしじょうゆを加え、こげつきそうなら水を加えてふたをして5分蒸し煮し、ふたをとって水分を飛ばす。

根菜の炒り煮

材料(作りやすい分量)
- れんこん…大1節
- ごぼう…1本
- にんじん…大1本
- こんにゃく…1枚(300g)
- しょうが…大1かけ
- ごま油…大さじ2〜3
- 酒…1/4カップ
- 素精糖…大さじ1・1/2
- しょうゆ…1/3カップ
- 酢…大さじ2
- だしじょうゆ…大さじ1

*調味料を加えるたびにふたをして5分蒸し煮することで、味がしみておいしくできあがる。

[作り方]
1. しょうがはうすくスライスし、ほかの材料は大きめのサイコロ状に切る。れんこん、ごぼうは酢水につけ、こんにゃくは5分ほどゆでる。
2. 厚手の鍋にこんにゃくを入れ、カラ炒りしてからごま油で炒め、ほかの材料も加えて中火でほぼ火が通るまで炒める。
3. 酒と素精糖を加えて混ぜ、ふたをして弱火で5分蒸し煮する。しょうゆを加えて同様にする。
4. 酢とだしじょうゆを加えて混ぜ、ふたをとり、汁気がなくなるまで煮る。

昆布のあっさり佃煮

材料(作りやすい分量)
- だしをとったあとの昆布(冷凍して貯めたもの)…250g
- A ┌ 水…150㎖
  │ 酒…50㎖
  └ 酢…大さじ2
- B ┌ みりん…50㎖
  │ 薄口しょうゆ…50㎖
  └ 素精糖…大さじ1
- 山椒の実…大さじ1

[作り方]
1. 昆布は2cm角に切り、Aと山椒と一緒に圧力鍋に入れ、ふたをして強火にかける。ピンが上がったら弱火にして5分加熱し、火を止めて自然放置。
2. ふたをあけ、Bを加えて弱火にし、ときどき混ぜながら汁気がなくなるまで煮る。

高野豆腐のそぼろ煮

材料(作りやすい分量)
- 高野豆腐…6枚
- 干ししたけ…8枚
- きくらげ…10個
- にんじん大…1/2本
- 干ししいたけの戻し汁…1カップ
- だし…3カップ
- A ┌ 薄口しょうゆ…1/2カップ
  │ 素精糖…大さじ3
  └ 酒…1/2カップ

*ご飯や寿司飯、卵焼きに入れるとおいしい。

[作り方]
1. 高野豆腐はぬるま湯で戻し、しっかり絞ってフードプロセッサーで粗みじん切りにする。
2. きくらげ、干ししいたけは水で戻して石づきを取り、にんじんは皮つきのまま、それぞれ粗みじん切りにする。
3. 鍋に1、2、戻し汁、だし、Aを入れ、少しふたをあけて中火で5分ほど煮、弱火にして汁気がなくなるまで炒り煮する。

あとがき

　子育て中のお母さんは、24時間態勢、待ったなしの毎日です。子どもの急な病気や突然のケガで病院に走ったり、初めてのことや慣れないことばかりです。そして、毎日元に戻す作業──。掃除、洗濯、台所仕事の繰り返しです。特に食べることは、朝ご飯、昼ご飯、おやつ、夕ご飯……追われているような気分になるほどです。どこかで気分転換し、どこかで楽しんでやらないと、続くものではありません。

　子どもの一日は、食べる・寝る・遊ぶ。人間の体は、食べ物でできていますから、子どもが口にするものが、ダイレクトに成長にかかわってきます。お母さんの担う責任は大きいのです。私はその当たり前のことにはたと気がついたときから、おいしいものを作ろう、体によいものを作ろうと思い、できるだけそうしてきました。

　今は、その子どもたちも成人し、孫も三人でき、私の子育ては一段落しました。私がいちばん余裕なしで必死だったころに、苦しまぎれやひらめきで生まれたレシピ、本や雑誌からヒントを得たレシピ、料理教室やお菓子教室を通してアレンジしたレシピなどを整理し、今がんばっているお母さんたちに少しでも役立ててもらえたらとの思いで本にまとめました。息子たちのお嫁さんをはじめ、子育て奮闘中のお母さんたちが、ごはんやおやつを楽しんで作る助けになれば嬉しく思います。

　撮影に協力してくれた子どもたち、琉太くん、爽磨くん、あかりちゃん、玻璃ちゃん、沙弥くん、爽くん、沙那ちゃん、創太くん、結友くん、柊一くん、蒼太くん、裕太郎くん、由芽ちゃん、都和ちゃん、孝志くん、お礼をいいます。おいしく食べてくれてありがとうね。畑仕事と舞台の仕事に忙しい最中、いやな顔ひとつせずいつも協力してくれた夫の恒彦さんにも感謝しています。子どもたちの魅力あふれる表情を逃さず撮り、天候に左右されがちなわが家で、粘り強く笑顔でがんばってくださったカメラマンの根岸佐千子さん、その写真にどれほど勇気づけられたことか。ほんとうにありがとうございました。そして、何度も弱音を吐いて挫折しそうになる私をさらりと励まし続けてくださった藤栩典子さん、感謝しています。ありがとうございました。何度も労力を払ってくださったデザインの渋沢恵美さん。出版の機会を与えてくださった信濃毎日新聞社の山口恵子さんには、いろいろアドバイスをいただきました。この場を借りてお礼申し上げます。

　この本が完成するまでに、長い年月を要しましたが、ふり返れば、幸せな時間でした。ありがとうございました。

２０１５年４月　　上條悦子

上條　悦子　かみじょう　えつこ

山口県岩国市に生まれ、3歳から大阪で育つ。1983年、歌手で俳優の上條恒彦さんと結婚。1987年に東京から八ヶ岳のふもとに移り住み、4人の男の子を育てる。上のふたりはラマーズ法で自然分娩、下のふたりは自宅出産した。1999年、三鷹の森ジブリ美術館の開館準備開始にともないカフェ「麦わらぼうし」のインテリアからメニューまで任される。子どもたちに人気の定番メニューは、上條家の食卓から生まれた。

八ヶ岳山麓 上條さんちのこどもごはん

2015年　4月30日　初版発行
2015年12月25日　第2刷発行

協力　　三鷹の森ジブリ美術館
　　　　SKOGEN（スコーゲン）

料理・文　上條悦子
構成　　藤枻典子
撮影　　根岸佐千子
デザイン　渋沢恵美
編集　　山口恵子（信濃毎日新聞社）

著者　　上條悦子
発行　　信濃毎日新聞社
　　　　〒380-8546　長野市南県町657
　　　　電話026-236-3377
　　　　https://shop-shinmai.co.jp/book/
印刷　　信毎書籍印刷株式会社
製本　　株式会社渋谷文泉閣

©Etsuko Kamijo 2015.Printed in Japan
ISBN 978-4-7840-7264-4
乱丁・落丁はお取り替えいたします。定価はカバーに印刷してあります。

本書のコピー、スキャン、デジタル化等の無断複製は著作権法上での例外を除き禁じられています。本書を代行業者等の第二者に依頼してスキャンやデジタル化することはたとえ個人や家族内の利用でも著作権法違反です。